※本書に登場する人物名は様々な事情を考慮して仮名にしてあります。

下町の家

私はクラブDJという活動の中で、多くの人と会う機会に恵まれている。

クラブという場所は多様な人が集まる場所であり、音楽と共に情報交換や交流をする社交場という側面もあるため、日頃から様々な話題で人と話す機会は多い。そんな中、私がよくDJをしているクラブに遊びに来ていた原田さんという男性が聞かせてくれた興味深い体験談がある。原田さんは三十代前半。現在はDJとして活動をしているが、二十代の頃は実家暮らしをしており、フリーターをして生活していたそうだ。

原田さんが二十歳過ぎの頃。

母親と妹の三人暮らしをしていたが、親の仕事の都合により引っ越しをすることになった。

東京のH駅近辺。そこは河川敷の近くに古い住宅が立ち並ぶ下町エリアだった。

築三十年程の古い木造二階建ての一軒家。

「引っ越し初日から、この家ちょっとおかしいと思ったんですよ」

原田さんは引っ越し業者と共に家財道具を運び込むため玄関の扉を開けた時、思わず驚いて立ちすくんでしまったと云う。

玄関の床に、錆びついて緑に変色した大量の硬貨が、まるで盛り塩のように散らばっていた。その横には見たことのない文字が書かれた御札のような紙切れが置かれており、白い灰のようなものが付着している。まるで何かの儀式をした跡のように見えた。

「ちょっとお母さん、これ何？」

原田さんは不気味に思い、後から玄関に入って来た母親に言った。

「前の人の忘れ物かしらね」

なぜか母親は特に気にならなかったようで、散らかった硬貨と御札を玄関の隅へと追いやり、つかつかと家に上がると引っ越しの続きを始めた。慌ただしく業者が荷物を運び込み、原田さんも収納作業に追われているうちに、気付くとその硬貨と御札は無くなっていた。業者が片付けたのだろうか。

少し不気味ではあったが、新しい生活が始まると、そんなこともいつのまにか気にならなくなっていた。

「最初は肩を叩かれるようになったんです」

異変を感じるまでに、さほどの期間は掛からなかったと原田さんは言う。

居間にいる時、自分の部屋にいる時、さらには風呂場にいる時も、突然、何者かに肩を叩かれるということが起こり始めた。まるで呼び掛けられるかのように、背後からそっと肩に手の感覚が触れる。

ハッとして振り返っても誰もいない。

最初は気のせいだと思っていたが、その感覚は日に日に明確になってきた。『すぐ後ろに誰かが立っている』という確信。そんな強い存在感をもって、その手は実感を帯びてくるようになった。

おそらく母親も妹も、はっきりと言わないまでも、この家に異質な気配があることを感じているのがなんとなく雰囲気でわかった。

現象はエスカレートしてくる。

ある日の深夜、原田さんは二階にある自分の部屋で本を読んでいた。

ベッドに横になりながら枕元のライトを点け、週刊誌のページをめくる。ふと何気なく視線を上げると、目の前にある押入れの襖《ふすま》が小刻みにカタカタと揺れ始めた。

「地震かな？」

違和感と同時に異様な緊張感を感じた。その直後。

――バタン！

目の前の襖が突然音を立てて開いた。

押入れの中には半分ほど積まれた布団があるだけだった。

誰もいない。目の前で起きた事が信じられなかった。

「その後も次々に家で心霊現象が起きるんですよ。でもそのうち気が付くようになっちゃって。『今日ヤバい』って……」

原田さんが言うには、不可解な現象が起こる前に、感覚的にそれが気配としてわかるようになってきたそうだ。

頭の中に突然、誰かがこちらを視ているような感覚が入り込んでくる。

上手く説明はできないとのことだが、唐突に何者かの存在を強く感じるのだという。

そしてその後には決まって肩を叩かれたり、テレビにノイズが走ったり、壁や天井から異音がしたりといった奇妙な現象が頻繁に起き始めた。


その家に住み始めてから三ヶ月ほどした頃のことだ。

ある日の夜、原田さんはバイトを終えて最寄り駅から家までの道を歩いていた。

時計を見ると二十時過ぎ。古い民家が立ち並ぶ住宅街には、それぞれの家屋から窓の灯りがちらちらと洩れているが、街灯も少ないため暗い夜道が目の前に続いている。

幾つかの狭い路地を抜けると、小さな公園を隔てて十メートルほど先に自分の家が見えた。玄関の外灯は点いているが、一階の窓に明かりは無い。


突然。

頭の中に、何者かの強い視線と存在感が湧き上がってきた。

これまでに感じた予兆のような感覚を遥かに凌ぐ強烈な悪寒。

原田さんはその凄まじい気配に、足がまるで石になったように硬直してしまった。

「俺、今このまま家に入ったら絶対に危ない。取り憑かれる……」

恐怖に襲われた原田さんは、家に誰か家族が居るだろうかと藁にもすがる思いで携帯電話を手に取り、母親に電話を掛けた。

「もしもしお母さん。いま家に居る？」

「いま？　さおりと外でご飯食べてるわよ」

母親は妹と近くのファミレスで外食をしていた。家には誰も居ないことになる。

「家が気持ち悪くて入れないんだけど。早く帰ってこれない？」

「家が気持ち悪いってどういうこと？」

「なんて言うか、誰か知らない人が居そうで」

「なに、泥棒？」

「いや、そう言う訳じゃないんだけど……」

「え、あんたもしかして怖いの？　いい歳して気にし過ぎだってば。とりあえずご飯食べたら帰るけど、先に家に入ってなさい」

原田さんが口ごもっていると、母親は「じゃあね」と言って電話を切った。

途方に暮れた原田さんが立ち尽くしているその時。

携帯電話のバイブレーションが勢いよく鳴り響いた。

すぐさま携帯電話を開く。するとそのディスプレイに一件のメール着信の通知が表示されている。差出人のアドレスを見て原田さんは驚愕した。

それは自分自身のものだった。

自分のアドレスから、自分宛にメールが届いている。

恐る恐るメールを開くと、たった一言。

こわがらないでかえっておいでよ

全身に鳥肌が立つのがはっきりとわかった。

こんなこと絶対にある訳がない。

しかし、ふと原田さんは、他人が別人のメールアドレスからその人になりすましてメールを送信することができる詐欺まがいの方法があるという話を聞いたことを思い出した。もしかしたら妹が、母親の電話の様子を聞いて悪戯《いたずら》をしたのかも知れない。

冷静に考えるとそんな手の込んだ悪戯を妹ができるとは考え難いのだが、原田さんはすぐに妹に電話を掛けた。

「今、俺に悪戯でメール送っただろ」

「え、なんのこと？」

「それしか考えられないんだよ。お前がやったんだろ」

「お兄ちゃん、何言ってるの？　そんなことする訳ないじゃない」

原田さんは何度か問い詰めたが、妹は否定し続けている。最後には「私そんなことしてないから。勝手に疑わないで」と言葉を詰まらせてしまった。

埒があかず、釈然としないままだが原田さんは電話を切った。

通話を終えたその携帯電話を見ると、妹と通話中だったその間に、新たに一件のメール着信が入っている。

差出人は先程と同じ、自分自身のメールアドレスだった。

原田さんは震える指でメールを開いた。

いっしょにあそぼう

その一文だけだった。

通話中の妹にメールができる訳がない。

手の中にある携帯電話に、得体の知れない何者かの意思が込められている気がして無性に恐ろしかった。手の込んだ悪戯と考えるには少し無理がある。何よりこれが悪戯ではないことを原田さんの直感が一番良くわかっていた。

絶対に家に誰かいる。どうしよう。このままだと家に入れない。

そう思った原田さんは、結局そのまま大通りのコンビニで時間を潰し、母親と妹が帰る頃を見計らって家に帰ったそうだ。

「お兄ちゃん怖がり過ぎだって」

「あんた、お母さんを怖がらせようと思って嘘言ってるんじゃないの？」

家に帰った後、一階の居間で母と妹にメールの話をしたが、二人とも半信半疑で取り合ってくれなかった。彼女たちはこの家の異変に気付いていないのだろうか。それとも、信じたくないだけなのだろうか。

原田さんが反論しようと口を開きかけたその時。

――バンバンバンバンバンバンバン！

突然、心臓を貫くような破裂音が部屋の中に轟いた。

居間の両側にある窓が大きな音を立てて鳴り響いている。

目には見えないが、まるでたくさんの人が両側の窓ガラスを激しく叩いているように揺れて、部屋の中に埃が舞っているのが見える。

窓を叩くような音はますます激しくなり、一分ほど続いた後にピタリと止んだ。

沈黙に残された家族は顔を見合わせて、受け入れ難い事実に戸惑うしかなかった。


後日、原田さんは遊びに来た友人と近所の居酒屋で呑む機会があった。

「こないだ俺んちでこんなことあってさ……」

話の弾みで原田さんは友人に先日起きた一連の不可解な出来事について話をしたそうだ。怖がりながらも友人は話を聞いてくれた。

すると突然、居酒屋の店主である初老の女性が話しかけてきた。

「あんた、もしかしてあの公園の傍の家に住んでる人？」

「はい、そうですけど」

「あそこ良く住めるね」

「……どういうことですか？」

「あの家、半年以上住んでた人いないよ」

理由は不明だが、その家に引っ越して来た人は半年も経たずに出て行ってしまうらしい。近所でも気味が悪いと近寄らないようにしている人もいるらしく、過去に何かの事件か事故が起きたという話もあるという。

「まぁ噂だけどね」

居酒屋の店主はここまで言っておきながら、さすがに失礼なことを言ったかもしれないと気になったようで話を濁した。

結局、原田さん一家は、その家に四年住んだそうだ。

「僕はもう慣れちゃって。『今日も誰かいるの？』なんて言って、誰もいない部屋に呼び掛けたりしてましたよ」

原田さんは笑いながら話をしてくれたが、その開き直りはある種の感覚が麻痺した状態だったのかも知れない。

そんな中、母親の様子が少しおかしくなってきた。

家に幽霊がいるということについて、当たり前の事実として母親も受け入れるようになっていた。

「ある日、母親が携帯で自撮りした写真を『今日もいいの撮れたよ』なんて言って俺に見せてくるんですよ。見たらまったく知らない子どもが母親の隣に写ってるんですよね……。それ、家の中ですよ。もちろんそんな子どもは家に来てないし」

はっきりと撮影された怪異について平然と話す母親を見て、さすがに原田さんも心配になったという。

その後、原田さん一家は諸事情により引っ越しをすることが決まったが、母親はなぜか最後まで引っ越しに乗り気ではなかった。結局、原田さんが母親を説得し、家族はその家を出ることになったそうだ。

「信じてもらえないかも知れないんですけど、響さんこれ本当にあったんです」

クラブのバーカウンターで音が鳴り響く中、原田さんはそんな話を聞かせてくれた。

その家は、現在もその場所に在る。

真夜中の帰路

やばい。今タクシー降りた
信じられないくらい怖い思いした
久々マジ怖い

私の携帯電話にそのメールが届いたのは、二〇一八年十一月某日。

深夜一時二十三分のことだった。

今もまだそのメールは保存してある。常軌を逸した怪異を目の当たりにした人間が直後に発した叫びとも言えるその文面は、妙に生々しい肌触りを帯びて私の目に焼き付いている。本当に恐怖を感じた人間というものは、藁《わら》にもすがる思いで、少しでも共感してくれる人にすがり付くものなのかも知れない。

それは、医師の赤井という男性から届いたメールだった。

年齢は四十一歳。循環器科の内科医として多忙な生活を送っているが、私とは音楽仲間であり、二人で飲みながら音楽について夜通し語り合うほどの親しい友人である。

彼は、私が怪談蒐集《しゅうしゅう》をしていることを知っているので連絡をくれたのだと思われた。

「何があったの?」

私がそう返信すると、直ぐに折り返しのメールが届いた。

初めて

タクシーの中で金縛りにあった。

その文面に興味を覚えた私は、すぐ彼に連絡を取り、その時一体何があったのか詳しく話を聞いた——。

その日、赤井氏は勤務先の病院で残業に追われており、仕事を終えたのが深夜〇時を廻っていたと云う。

彼が勤務する病院は東京都内でも大規模な総合病院であり、深夜を過ぎても病棟や医局には夜勤の医師や看護師が勤務している。医局の長い廊下を歩き、病院の正面玄関を出ると、外にはタクシーが二、三台停車していた。

元々、個人タクシーに乗るのはあまり好きではないと赤井氏は言っていたが、その日の夜、病院の玄関に停車していたタクシーは偶然にもすべて個人タクシーであり、大通りまで出てタクシーを捕まえるのも億劫だったため、彼は目の前に停まっていた個人タクシーに乗った。後部座席に背中を沈め、シートベルトを締める。

その時に見たダッシュボードに置かれたデジタル時計の時刻が『〇時五十三分』だったのを覚えている——と、赤井氏は私に話してくれた。

「すいません。目黒を抜けて、学芸大学駅の方まで行ってください」

いつもの帰り道を運転手に伝える。

そして次に発せられた運転手の言葉に、赤井氏は思わず驚いてしまった。

「ああ、その道ですかあ。僕ねえ、その道、大得意なんですよお」

妙にテンションが高い。楽しくて仕方ないといった感じの高揚した声。

そしてその声質は、

――子どもの声だった。

驚いた赤井氏は運転手の方を見た。色褪せた制帽の下に見える後頭部には白髪が混じっており、どう考えても六十代程の初老の男性に見える。

子ども――じゃないよね。

赤井氏は、ふと助手席のダッシュボートに貼ってある運転手のプロフィール写真を見た。そこに貼ってある写真はとても古く、セピア色に変色している。しかし、写っているのはなぜか古い学生帽と学生服を着た坊主頭の若者だった。その風貌は、昭和初期のドキュメンタリー映像で見るような学生の姿に見える。

気持ち悪……。

赤井氏はそう思ったが、すでに車は発車していた。

しばらくして、彼が次に気付いた異変は『臭い』だった。

車の中に、まるで獣の死体のような異臭が充満している。仕事柄、遺体の腐敗臭に触れる機会もあるが、その臭気が混じっているように思えた。呼吸をすると粘性のある澱んだ空気が肺に押し込まれるような不快感を覚える。

薄暗い車の中、自分が座っているシートを見ると、得体の知れない何かの被毛が散乱していた。誰かが動物でも乗せたのだろうか。それとも長い間掃除をしていないだけなのだろうか。

あまりの不快感に赤井氏は窓を開けようとした。そのタクシーは、今時珍しい回転式のハンドルで窓を開閉するタイプの古い車種だったという。

赤井氏はハンドルに手をかけた。

がたりと微かな音を立てる。しかし、ハンドルは動かない。

錆びついているのだろうか。そう思い、赤井氏は何度か手に力を込めてハンドルを回転させようとしたが、まったく動かなかった。

なんとかハンドルを動かそうと四苦八苦していたその時。

「その窓——開かないよ」

ぼそりと運転手が言った。

「その窓、勝手に開けられると困るから、壊してるんです」

運転手は前だけを見ながらそう言った。

赤井氏はその時点で「この人、ちょっとおかしい」と思った。なぜ、後部座席の窓を開けられないようにしているのだろう。この人は、車内の異臭が気にならないのだろうか。気味悪く感じた赤井氏は、それ以上会話をすることをやめた。

窓の外では、寂寥《せきりょう》感の漂う夜の街並みが通り過ぎてゆく。深夜にタクシーで帰宅することも珍しいことではない。見慣れた都内の夜景だったが、息の詰まるような沈黙の中で、ひと気のない夜の街道がいつもより不気味に思えた。

車が、ちょうど目黒の辺りに差し掛かった頃。

突然、運転手が言葉を発した。

「あんた――医者でしょ?」

病院の前でタクシーに乗ったので、おそらくそう思ったのだろう。

「はい、そうですけど」

赤井氏は答えた。

しばらくの沈黙。その後、運転手は言葉を続けた。

「D病院って――知ってます?」

「えっ？」

「僕ねえ、Ｄ病院にずーっと入院してたんですよお」

赤井氏は思わず耳を疑った。

このＤ病院というのは、一般的には知られていない。ただ、赤井氏は医者だから知っていたのだが、このＤ病院というのは、戦時中に軍の研究機関があったとされる古い病院である。

――今はもう、存在しない。

正確にいうと、そのＤ病院は戦後、移転して名称を変えた形で存続はしているのだが、その病院のことを「Ｄ病院」と表現する人は、当時を知っている人か、一部の医療関係者くらいしかいない。

年齢から判断しても、この運転手がＤ病院を知っていることは考え難い。ましてや入院していたとは到底考えられない。

この人、何言っているんだろう……。

赤井氏がそう思った直後。

運転手がくるりと後ろを振り返った。

その顔は不自然に作られた面のように、にたりと嗤《わら》っていた。

「ねえあんた、医者でしょ。医者だったら、人の手とか、足とか、切り刻んだりするんですよね？　それで実験とか――するんでしょ？」

喋りながら運転手の息遣いは微かに荒くなっていた。

赤井氏はぎょっとして、咄嗟に「いや、俺そんなことしないですよ」と言葉を返した。

「ふ……ふふ」

運転手は小さな声で何かを呟いたが、また前を見て運転を続けた。

関わるとまずいタイプの人かも……。

赤井氏はそう思い、運転手を刺激しないよう黙ったまま、後部座席で息を潜めることにした。窓の外では、深夜営業のコンビニや居酒屋の明かりが通り過ぎてゆく。人通りはほとんどない。

しばらくして。

突然、右耳の方から強い耳鳴りが響き始めた。

金属を引っ掻くような、神経に触る不快な音に赤井氏は思わず顔をしかめる。

その時点で、自分の体が完全に動かないことに気付いた。

えっ？　なにこれ……。

困惑した赤井氏は、動こうと体に力を入れる。しかし、体はまるで石のようにびくともしない。背中に冷水が滴るような恐怖が芽生えた。

うわ――どうしよう。

そう思った次の瞬間。

「ウウ、う、ぉ、オオ……」

右の耳元で低い男の呟くような声がした。

「グ、うぐ、ウ、お、オオ……」

そして徐々にそれは何かを喋るような声になり、ザワザワザワザワ――と大きな声で何かを訴えるような言葉になった。ただ、その言葉は、どの国の言葉でもない聞いたことのない言語に聞こえたと云う（まるで、テープを逆再生した時のような言葉だったと赤井氏は私に話してくれた）。

やばい……。

その言葉には、はっきりと何かを伝えようとしている意思のようなものを感じた。抑揚のない声が淡々と自分だけに何かを訴え続けている。そのあまりの不気味さに、赤井氏は本当に恐ろしくなった。体は硬直したまま一向に動かない。閉塞感と恐怖感に息が詰まりそうだった。

必死に抵抗しながら、赤井氏はふと前を見た。

信じられないことに、その運転手は、左手でバックミラーを持ち、鏡越しに赤井氏をじっと視ながら、ニヤニヤと嗤っていた。

——金縛りに苦しんでいる自分を見て、運転手が、ただただ嗤っている。

この人、変だ……。

赤井氏は、心の底からぞっとした。

そして次に、彼はあることに気付いて気絶しそうになったと云う。

右側から聞こえるザワザワというその意味不明な言語。

——それとまったく同じ言葉を、その運転手が口を動かしながら喋っていた。

こちらを視ながら、右側から聞こえる言語と寸分も狂わずシンクロするように、不気味な言葉を運転手はひたすらに喋り続けている。

赤井氏は静かに絶叫した。

目を閉じて必死に「お願いです。助けてください。助けてください――」と、心の中で何度も叫び続けた。全力で体に力を入れるが、思考と体が完全に切り離されたように動かない。

すると、その運転手が突然ウワーッと大声でその言葉を喋り始めた。その声はさらに大きくなり、右耳の傍から聞こえる声と重なり合って凄まじい轟音になった。頭の中へと侵食する訳のわからない言葉の弾雨。それは脳内を埋め尽くす暴力だった。

車内の空気が一気に張り詰める。

――そして。

ピタリと声が止んだ。

全身から何かがずるりと這い出したかのように、体の力が抜ける。

金縛りは解けていた。

「すいません！　……そこ。もうそこでいいから、降ろしてください！」

震える手で赤井氏は外を指差した。

「ええ？　どうしてですかあ。家まで送りますよ」

無邪気に子どものような声で運転手は言った。

「あ、メーターもここで止めますから。家のそばまで送らせてくださいよお」

こいつ、何言ってるんだ？

「いいです！　もうここでいいですから。降ろしてください！」

赤井氏は叫ぶように言った。

チッ……。

運転手の舌打ちが聞こえた。こんな運転手、いるはずがない。

車が道路脇に停車した。メーターは四千三百円を示している。赤井氏は急いで財布から五千円札を取り出し「お釣りはいいです」と言って運転手に渡した。荷物を抱えるように持ち、開いた扉から外に出ようとした時。

「わすれものないですか」

と、運転手が言った。

「忘れ物ないです」

赤井氏がそう言った直後。運転手がふふふと嗤った。

「いやいや――、わすれないですから」

――？

その時、赤井氏は気付いた。

その運転手は「忘れ物ないですか？」と言ったのではなく、「忘れないですから」と言っていたのだ。

「えっ……」

理解できない言動に赤井氏が戸惑ったその直後。

運転手はこちらを向いて怒号のような凄まじい大声で叫んだ。

「お前のこと絶対忘れないからな」

逃げるように車を飛び出した赤井氏は、全力で側道を走りタクシーから離れた。そして私にメールを打ったのだと云う。

「その運転手、もしかしたら何かの病気かとも思ったんだけど、どうも違うんだよね」

赤井氏は医師として冷静に運転手の状態を分析してみたそうだが、やはり辻褄が合わないことが多い。仮に何かの精神疾患だとしても、赤井氏本人が体験した金縛りや耳元の声については説明がつかない。そもそも金縛りとは、正式には睡眠麻痺という症状に該当するケースがほとんどであるが、病理から判断しても覚醒状態で発症するものではない。

「今考えたら、そのタクシー運転手の写真や変な声も、どこか現実感がないんだよね」

そこまで話をして、赤井氏は困ったように言葉を詰まらせた。

――その運転手。一体、何に取り憑かれていたんだろうね。

私がそう言うと、赤井氏は怖いからやめてくれと言い、早々に話題を変えた。

遊水池

霊体験を数多く蒐集していると、偶然とは考え難いタイミングで不可解なものを目にしたという事象を聞くことも多い。「視界の端に一瞬黒い人影を見た」「金縛りに遭った際に目を開けると、知らない顔が自分を覗いて消えた」といった体験談は数多く存在する。語弊を恐れずにいうと、科学的思考においてはそれらはノイズとして排除される場合が大半である。視神経で捉えた物理的な光が脳内で処理され認知されるまでの間に、不必要だと判断された情報は削除・編集される。その処理の間に、何らかの要因でノイズが混入したと考えてもよい。医学的には、体験者の心身状態と相関した幻覚・せん妄・錯視という症状として位置付けられることもある。

しかし、何らかの外的要因に伴ってそのノイズが発生したという仮説に立った場合、そこには怪異と呼ぶべき「何か」の輪郭が浮き上がってくるのかも知れない。

先に述べた通り、およそそうしたケースは「瞬間的」に発生することが多く、それゆえに体験者の心身状態や周囲の特異な背景を伴って、怪談として語られる物語へと昇華される。

ただ、「瞬間的」では終わらない怪異現象の事例を聞いた時、そこにはやはり未知の外的要因を伴う超常的な「何か」が存在するのではないだろうかと、改めて考えさせられることがある。

私がDJとして出演していた音楽イベントで企画構成を担当していたエミさんという女性がいる。多彩なファッションセンスと明るい性格で、周りからも慕われている快活な女性であり、イベント企画から服飾デザインまで多方面で活躍する人物である。

そんなエミさんが、かつて体験したという奇妙な話を聞かせてくれた。

エミさんが二十代半ばの頃。

地元群馬県に久しぶりに帰郷する機会があった。数年ぶりに帰る故郷。地元に住む友人に連絡を取ると、昔の仲間内で遊びに行こうという話になった。

集まったのは男友達のA君とB君、そしてCさんという女友達。高校時代にはよく連んで遊んでいた懐かしい顔触れである。ちょうどB君が車を持っていたので、四人は彼の運転でドライブに行くことにした。

行き先は群馬県にあるW遊水池。

その日は天候も良く、ドライブをするには絶好の日和だった。

久しぶりの再会に会話も弾み、車内は時間を忘れて大いに盛り上がっていたそうだ。

——どれくらい時間が経った頃だろうか。

陽はだいぶ西に傾き、夕焼けが辺りの風景を照らし始めている。

エミさんは後部座席の右側、運転席の真後ろに座っていた。

もうそろそろ着いてもいいんじゃないかな。

そう思い、ふと窓の外を見た。

すると——。

車は、見たこともない草地の中を突っ切るように走っていたと云う。

夕陽に赤く染まった空の下。辺り一面に黄金色のススキが広がっている。

車の車高に届くほど背丈のあるススキは、ずらりと道の両側に整列して、まるで異界に迷い込んだ自分たちを観察しているかのように生い茂っていた。地面は舗装されておらず、かろうじて車が踏みならして出来たと思われる土の道を黙々と走っている。

W遊水池はエミさんも地元に居た頃、何度か行ったこともあったが、こんな場所は見たことがない。

「ねえ、今どこを走ってるの？」

エミさんがそう言うと、運転しているB君が答えた。

「ちょっと迷ったのかも……」

B君の車にはカーナビが無い。とはいえ、W遊水池は地元の町からそう遠い場所ではなく、道も複雑ではないため迷うということは考え難い。

「大丈夫？」

「うん——間違えるような道じゃないんだけど」

「そうだよね。私も行ったことあるけど、どこかで違う道に入っちゃったのかな？」

「間違えるわけないんだけどなぁ……」

助手席のA君は、心配そうに地図を見ている。

隣のCさんも、少し不安そうに窓の外を眺めていた。

「ちょっと引き返した方が――」

そう言いかけたエミさんは、言葉を飲んだ。

バックミラー越しに見えた運転席のB君の顔。

――それは、見たこともない老人だった。

目は虚ろで、焦点が合っていない。

げっそりと痩せた皺だらけの顔は、死体のような土色をしており、車の揺れに合わせて力なくふらふらと動いている。

エミさんは息を飲んだまま心臓が止まりそうなほど驚いた。

そして恐怖のあまり、反射的にバックミラーから目を逸らした。

――運転しているのは、B君じゃない。

エミさんはそう思うと、下を向いて硬直してしまった。身体が震えている。

いや、きっと見間違いに違いない。確かに道に迷って知らない場所に迷い込んでいるけど、私の頭がおかしくなった訳ではない。そうだ、見間違いだ。きっとB君の顔が一瞬変な感じに見えただけだ。そうに決まっている。

エミさんは目を閉じて、まるで自分に言い聞かせるように心の中で反芻していた。

「ごめんね。どこか知ってる道に出たらすぐにわかるんだけど……」

B君の弱々しい話し声が聞こえた。

「地図見てるけど、ここが何処かわからないからなぁ」

「やっぱり引き返した方がいいんじゃない？」

車中の友人らは、何事も無かったかのように会話をしている。

やっぱり、気のせいだよね。エミさんはそう思い、視線を上げた。

バックミラーに視点が移る。

B君の顔は——先程とまったく変わらず、その老人の顔だった。

「響さん、私、本当に怖くて。自分が見たものが信じられなかったんです。目の錯覚だと思いたかったんだけど……」

「それで、その後どうしたの？」

私がそう訊くと、エミさんはゆっくりと言葉を続けた。

「何度見ても、知らないおじいさんの顔なんですよ。ずっと……」

エミさんは、訝《いぶか》しげな表情を浮かべながらそう言った。

「結局その後、一時間ほど迷ってやっとススキの草叢《くさむら》を抜けたんですよね。そしたら元のB君の顔に戻ってたんです」

結局、四人は無事に元来た道に戻ることができたそうだ。

B君はその後、何事もなく生活している。

ただ、エミさんは、B君はもちろんその時車にいた友人には誰一人として、未だにこの話をしていないと云う。

弟

「私、本当に気付いていなかったんです」

都内でアロママッサージの仕事をしている香織さんという女性がいる。

彼女は私がＤＪをしていたクラブに遊びに来ていた人で、呑みながら雑談をしていたところ、十八歳の頃に、自分の人生観が覆ってしまうような衝撃的な経験をしたという話になった。

「後から考えると怖くて――その時は気が狂いそうでした」

音が鳴り響くクラブのフロアで、彼女は記憶を手繰るように、自身の体験談を語ってくれた。


香織さんの地元は宮城県。

四方を山に囲まれたのどかな田園風景の広がる田舎町で生まれ育ったという。高校を卒業して間も無く、香織さんは就職活動の一環として車の免許を取得した。しかし、就職先はなかなか見つからず、しばらくはフリーターをしながら実家暮らしをしていたそうだ。

香織さんには高校生の弟がいる。

アルバイトが休みの日は、実家の車でよく弟を学校まで迎えに行くことがあった。

ある日の夕刻。いつもの通り、香織さんは弟を迎えに学校まで車で行った。校門の前で弟を車に乗せ、実家までの道のりを運転する。

その日は、春先の天気の良い日で、沈みかけた夕陽が遠くの山々を美しく彩っていた。学校のある地域を抜けると、車は田園風景の広がる平地を走る。道路の両脇は田圃になっており、所々に民家や農家の倉庫が点在している。

弟とは親しい友達のような関係で、日頃から様々な世間話で談笑する間柄であった。

車中では、弟が相変わらず学校で起きた面白い出来事や、最近読んだ漫画の話など、次から次へと話題を広げるので、香織さんも楽しく会話をしていたと云う。

「お姉ちゃん！　ちょっと車止めて」

　弟が突然大きな声で言った。

「何、どうしたの？」

「いいから、車止めてよ」

「何かあったの？」

「今、すっごくタイプの女の子がいたんだよ。だから、ちょっとナンパしてくる」

「――ナンパ？」

「そう、だから車止めて！」

　確かに今通り過ぎた十字路に、青い花柄のワンピースを着た若い女性が立っていた。小顔のすらりと痩せた体型で、言われてみれば弟が好きそうなタイプである。

「はいはい、じゃあ行ってきなさい」

　香織さんが路肩に車を停めると、弟はありがとうと言ってすぐさま車のドアを開け、外に飛び出して行った。

　バックミラーに目をやると、十字路に向かって走る弟の後ろ姿が見えた。数十メートル後方にある十字路の傍に、その女性が立っているのがミラー越しに見える。

弟は思い立ったらすぐに行動するタイプの性格であり、それが良い所でもあるのだが、後先を考えない衝動的な所もあるため、姉としてそれがたまに心配になることもあった。とはいえ、女性に振られるくらいのことは弟にとって大したことではない。どんな顛末になるのか、香織さんは少し楽しみにしながら車の中で待っていた。

しばらくして、弟はとぼとぼと歩いて一人で帰ってきた。

とてもわかりやすい。弟は、がっかりとした表情を恥ずかしげもなくあらわにして、車に戻り助手席に座り込んだ。

「なに、どうしたの。あんた、振られたの？」

香織さんは面白がりながらも、慰めるつもりで微笑みながら言った。

「うん……ちょっとね」

「あんた、振られたんでしょ。いきなり道で会って声掛けてもそれは難しいって」

「違うよ」

「なにが？」

「――死んでた」

「え？」

「だから——死んでたんだよ」

香織さんは一瞬弟が何を言っているのか、わからなかった。

しかし、『顔が死んでいる』という表現があるように、『顔がタイプではなかった』ということが言いたいのかと思い、香織さんは少し苛ついた。

女性に振られたことを相手の顔のせいにするのは宜しくない。

「あんた、そんな酷いこと言うもんじゃないよ」

香織さんは弟を窘《たしな》めた。

「だって——」

弟はその後もぶつぶつと悔し紛れにぼやいていたが、香織さんには振られたことの言い訳にしか聞こえなかったので、女々しいこと言うなと弟に説教をしたと云う。


——数日後。

香織さんは夕飯を食べた後、自宅のリビングでソファーに座りテレビを見ていた。

すると、弟が近付いてきた。なぜか勝ち誇ったかのようにニヤニヤと笑っている。

「お姉ちゃん。ほら」

見ると、弟は片手に新聞を持っている。地方紙だった。

「見て。やっぱり死んでたよ」

弟はソファーの前のテーブルにばさりと新聞を置いた。見るとそこには、数ヶ月前に行方不明になった女性の遺体が発見されたという小さな記事が掲載されている。

その女性は、行方不明になった時の服装のまま、農道沿いの側溝で発見された。側溝は雑草に埋もれており発見が遅れたらしい。死後二、三週間を経ており、腐敗も進行していた。外傷は見当たらないが、殺人の可能性も視野に入れて警察が捜査を進めているという内容だった。

読み進めるうちに、香織さんは自分の血の気が引いてくるのがわかった。

発見された時の服装は青い花柄のワンピース。

場所は、先日弟がナンパをした十字路の近く。

小さく掲載された被害者の顔写真は、記憶に残っているあの女性の顔だった。

――これ、どういうこと？

香織さんは言葉も出ず、絶句してしまった。

「ほら、だからこの前ナンパした女の子。やっぱり、死んでたよ」

弟は、笑いながら平然として言った。

「死んでた――って、だってあんた、声掛けようとしてたじゃない」

「うん。だから、やっぱり死んでたの！」

「いや、そうじゃなくて。死んでたんなら――」

「そうだよ。だから諦めて車に戻って来たんでしょ」

「いや、そういう意味じゃなくて……」

会話がまったく噛み合わない。弟は何を言っているのだろうか。

その女性が数週間前に亡くなっていたなら、ナンパなんかできるわけがない。――いや、確かに弟はそう言っていた。それは正しい。女性は既に死んでいたということだ。でもそうしたら十字路に女性が立っていたのは……。

頭の中で思考が迷路のように錯綜してしまい、混乱してしまった。香織さんは不思議なものでも見るように、弟の顔を眺めたまま固まっている。すると。

「えっ――お姉ちゃんもしかして」

弟の顔から笑みが消えた。

――自分が見えていること、気付いてなかったの？

真顔のまま、弟が言った。

「……」

言葉を返すことができない。

「お姉ちゃん、本当に知らなかったの？」

弟は言葉を続ける。

「ほら昔、公園でよく一緒に遊んでた幼稚園の服着てたサトシくん。いたでしょ？」

覚えている。小さい頃、弟と公園で遊んでいた時に、夕方になるとよく公園に入って来て話し掛けてきた男の子がいた。そう言えば、保護者らしき人を見たことがない。

「あと、ほら、昔住んでた家で玄関にいたおじさん」

それも覚えている。よく玄関に立っていて、笑いながら会釈していた男性のことだ。親の知り合いだと思っていたが、親がその人と会話したことは見たことがない。

——それ、みんな死んでる人だよ。

弟は、何事もなかったように平然とそう言った。

「あ、お姉ちゃんは気付いてなかったんだね」

弟はそう言うと、にこりと微笑んだ。

頭の中が真っ白になっていた。

そんなことが本当にあるのだと、香織さんはその時に実感したそうだ。

「響さん、私、その時に初めて自分が見えている人なんだって、知ったんですよ」

その時、香織さんは心の底から恐ろしくなり、しばらくの間は気が狂いそうなほど精神的に落ち込んでしまったと云う。

「でもよく考えたら、私の場合は、自分が見えていることに気付いたのが偶々《たまたま》その時だったっていうだけの話なんですよね。弟は昔から自分が見える人だって気付いていたと思うんですけど、相変わらず平然と生活しているし——。そんな弟を見てたら、なんとなく気にしなくてもいいのかなって、思えるようになったんです」

香織さんは、笑いながらそう話をしてくれた。

幸いなことに、香織さんや弟は、幽霊が見えることで直接的な被害を被ったことは無いという。「見えてしまうこと」を受け流すことさえできれば、生活に支障はない。あるとしたら弟がナンパに失敗することくらいですよと冗談のように香織さんは言った。

「だから私、本当は見えているんです。怖がられるから言いませんけど」

私は少し、怖くなった。

私もたまに「響さんは霊感はないんですか?」と訊かれることがある。

怪談を蒐集する中で「幽霊を見たことはありますか?」と人に尋ねることも多い。

――私、幽霊って見たことないんですよね。

そう言われることも多いし、私もそう答える。

果たしてそれは、本当なのだろうか。

認証事実

テクノロジーの進歩と怪談の変遷というのは、とても興味深いテーマである。テレビからビデオ。固定電話から公衆電話、そして携帯電話。さらにはインターネットまで。テクノロジーの発達と共に、それに付随する怪異というものが出現してきた。技術革新は様々な視点で類型化することが可能だが、一つには、「パブリックからプライベートな利便性への推移」という流れで捉えることもできるだろう。

元々は家族団欒のツールだったテレビ。それが「一家に一台」から「一人に一台」という形になり、ホームビデオの文化も発展する。それに伴い、Jホラーと呼ばれる日本のホラー文化の礎となった作品が産声を上げたことは多くの評論で言及されている通りである。私が蒐集した怪談においても、ビデオデッキに怪異が起きたという体験談は幾つか存在する。

電話も同様に、公衆電話（特に電話ボックスという形態）に付随する怪談が発現し、その後、携帯電話の爆発的普及に伴い、携帯電話に纏わる怪談というものが登場する。家族や組織に一台という固定電話から、「直接、特定の個人宛に電話が掛かってくる」という時代になった。この視点は、怪談や怪異体験を考察する上で非常に重要な変遷であると私は考える。

若者のテレビ離れという言葉が浸透してきた背景には、インターネットという新しいチャンネルが驚異的な速度で普及したという事実があり、個人が自分の好きな時に好きな情報を得ることができるようになった。それに伴って、インターネット上での怪異も現れるようになり、拡散してゆくことになる。

テクノロジーの潮流として、よりプライベートな利便性を追求する方向へと進歩していると捉えることもできる。これは、人間の欲求の本質に関わる部分も大きいのではないだろうか。そして、恐怖を感じる本能も、プライベートな空間において研ぎ澄まされるという特性を踏まえると、個々人のプライベート性を増幅する新しいテクノロジーの発展において、怪異体験が多く登場してくるということは必然なのかも知れない。

私の友人で、ネイル・アーティストのSさんという女性がいる。昨年、ネイルサロンを開業し、忙しいながらも公私共に活発に活動している人物である。

「ちょっと響くん聞いて！　私、怖いことあったの」

都内のクラブで話をしている際、突然、彼女がそのようなことを言い始めた。


Sさんは、自身のネイルサロンの二階を住居として一人暮らしをしている。

ある日の夜。

就寝前、Sさんは電気を消した自室のベッドで、スマートフォンを見ながら横になっていた。特に目的もなくスマートフォンで動画サイトを観ていた時、突然「ピピッ」とスマートフォンから音がした。その音は、スマートフォンに内臓された音声認証機能が反応した音だった。

音声認証機能とは、簡単にいうと、スマートフォンに何か指示を喋りかけることで、電話やメールをしたり、ネット検索をしたりすることが出来る機能である。利用者が「○○さんに電話をして」「○○という単語を調べて」と、口頭で言うだけで、スマートフォンがその言葉を認識し、自動的にその命令を実行することが出来る。

そして、スマートフォンがまるで返事をするように、実行結果を音声でアナウンスする機能が付いている。最近は音声認証の技術が飛躍的に発達したこともあり、多少滑舌が悪くても、かなりの正確さでスマートフォンが利用者の言葉を読み取ることが出来るようになった。

ただ、Sさんは普段、この機能を利用していない。
もちろん何かの言葉を発したわけでもない。無言で動画を見ていただけだ。
突然、音声認証機能の音がしたので、Sさんは驚いてしまった。
そしてその直後、スマートフォンから無機質な女性の声で音声アナウンスが流れた。

どこかの
そうだんまどぐち
に
そうだんしてみては
いかがでしょうか?

よろしければ
ウェブで
じさつぼうし
を
けんさく
できますよ

——何これ？

Sさんは不思議に思い、音声認証機能の画面を開いた。
すると、確かに音声認証機能が起動されている。

『どこかの相談窓口に相談してみてはいかがでしょうか？』
『よろしければ、Webで『自殺防止』を検索できますよ』

画面には、先ほどアナウンスされた文字が表示されていた。

普段、この機能はオフにされている。

もし、仮に何らかの原因で有効になっていたとしても、話し掛けなければこの機能は起動されない。

「私、何も話し掛けていないのに……」

部屋には当然、彼女一人である。

部屋は静かで、スマートフォンが捉えそうな雑音はなかった。

「一体、何の音を拾ったんだろう？」

彼女は画面を上の方へとスクロールし、最初にスマートフォンが認証した言葉を確認した。

黒い画面の上部。

そこには、機器が認証したその言葉が表示されている。


『死にたい』

——Sさんは、凍りついた。

そんな言葉は言っていない。

「……もしかしてこの部屋？」

そう言うと同時に、Ｓさんは反射的に立ち上がり部屋の電気をすべて点けた。

誰もいない。

部屋には彼女一人だけである。

横になっている自分のすぐ傍で、一体誰が、そんな言葉を発したのだろうか。

そう考えると恐ろしくなり、その日はほとんど眠れなかったと云う。


「私の部屋に幽霊でもいるのかな？　考えると怖いけど、今は特に何もないから気にしないようにしてるんだけどね」

Ｓさんは笑いながら、そんな話をしてくれた。

近い未来には、アンドロイドが電気羊の夢を見るように、ＡＩに幽霊が憑依する日が来るのだろうか。

少し楽しみでもあるが——果たして。

後部座席

ＤＪ・トラックメイカーをしているＫさんという男性がいる。

年齢は三十代前半。ライブ出演から楽曲制作まで、幅広く活動している人物である。

彼と知り合ったのは、二〇一九年の初夏。

東京湾クルーズ船での音楽イベントで共演したことがきっかけだった。長髪を後ろで結び、とてもクールな容姿でありながら、圧巻の演奏技術と魅せるライブ・パフォーマンスが素晴らしく、私はすぐに彼に声を掛けた。

「響さんですよね。昔、響さんのスクラッチ観て自分もＤＪ練習してました」

彼もそう話をしてくれたことが嬉しく、東京湾から見る街の灯を背景に、二人で呑みながら音楽の話で盛り上がっていた。

近況や芸歴の話をすると、やはり怪談の蒐集をしているという話になる。

私が、「実は最近は怪談の活動もやっているんだけどね」とKさんに伝えたところ、「響さん、俺も昔、変な経験したことあるんですよ」と、Kさんは自身の奇妙な体験談を語ってくれた。


Kさんが二十歳の頃。

西東京にある実家で暮らしながら、音楽活動とアルバイトで生活をしていた。

週末には都内のクラブへイベントを観に行ったり、DJをしたりすることが頻繁にあった。しかし、翌日にアルバイトの仕事が入ることもあり、そんな日は、途中でクラブを出て、車で家に帰るということもあったそうだ。

ある週末の夜。

その日もKさんは都内のクラブに顔を出していたが、翌日仕事が入っていたため、深夜二時頃にはクラブを出ることにした。

賑やかな都心の夜。商業ビルが建ち並ぶ渋谷の街には、深夜にもかかわらず多くの人が歩いている。Kさんはコイン・パーキングから車を出すと、いつもの帰り道を走り始めた。

繁華街を抜けると、車は青梅街道に出て、郊外の道を西へ向かって進む。この辺りまで来ると歩道を歩く人はほとんどいない。遠くには団地やマンションが建ち並び、ファミリーレストランやガソリンスタンドの煌々とした明かりが過ぎ去って行く。

Kさんは、音楽を聴きながら夜の街道を黙々と運転していた。


しばらくして――。

Kさんは突然、後部座席から強い人の気配を感じたと云う。

誰かが後ろに座っていて、こちらをじっと視ているような感覚が、はっきりと感じられた。思わずKさんは振り返る。

――誰もいない。

「なんだろう」

Kさんは、音楽のボリュームを下げた。

車の中の密閉された空気が、少しずつ変化している。

背後の視線が、確実に強くなっていることが本能的に知覚できた。

気のせいだろうか――そう思ってはみたが、納得することができない。

Kさんの車は軽自動車であり、確かに狭い車内ではあるが、数秒前とは比べ物にならない程の息苦しさと緊張感がピシリと音を立てるかのように張り詰めていた。

「……」

Kさんは、バックミラーを見た。

その時――。

ミラー越しに見えた後部座席。頭を乗せるヘッドレストが二つ見える。

その間に――こちらを覗き込む真っ黒な子どもの顔が見えた。

墨を塗ったような黒い肌に、見開いた目。

それは無表情のまま、こちらをじっと視ている。


Kさんは突然の恐怖に声すらも出なかった。

衝撃のあまりハンドルを握る手が痙攣し、車が一瞬ガクリと揺れた。

一気に鳥肌が全身へ拡散するのがわかる。自分の見たものが信じられなかった。

視界の端に見えるバックミラーには、まだその顔が映り込んでいる――そう思えてならない。

しかし、それをもう一度確認する勇気を振り絞る前に「まず車を停めなければ危ない」とKさんは思った。

ちょうど数十メートル先に、コンビニの看板が光っているのが見える。

――とにかく誰でもいい、人間に会いたい。

滑り込むようにコンビニの駐車場に車を停めると、Kさんはエンジンも切らず、転げるように車を飛び出してコンビニに駆け込んだ。


明るい店内には、二、三人の客が立ち読みをしている。男性店員が商品の棚入れをしていた。早足で店の奥まで進み、Kさんは立ち止まる。

――あれはきっと見間違いだ。子どもなんているはずがない。

そう自分に言い聞かせたが、後部座席の背後からこちらを覗く黒い顔と見開いた目が脳裏に焼き付いて離れなかった。

ホットコーヒーを手に取り、レジに持って行く。百二十円を払い、コンビニの小さなイートイン・スペースで、Kさんはコーヒーを飲んだ。暖かいコーヒーが喉を通り、体の中をじわりと温める。そうしているうちに、少しずつ気持ちが落ち着いてきた。

よく考えると、暗い車内だから何かがきっと黒い顔に見えただけかも知れない。ここのところ寝不足だし、きっと疲れているのだろう。

Kさんは、次第に冷静になり、深呼吸をするように大きく息を吐いた。

「馬鹿馬鹿しい」

気持ちが落ち着くにつれて、過剰に驚いてしまった自分が恥ずかしく、腹立たしく思うようになってきた。

「何にビビってんだよ……」

Kさんはそう呟くと、コーヒーを飲み干し、ゴミ箱に投げ捨てた。

コンビニを出て駐車場を車に向かって歩きながら、Kさんは、一体何が黒い顔のように見えてしまったのか考えた。

後部座席と荷台のスペースに何か物を置いていたかな？

Kさんは車に近付くと背面に回り込み、トランクの扉に手を掛け、上へ開いた。

――すべての座席の背もたれが、凄い力で前に折り曲げられ、倒されていた。

それはなぜか、背筋が凍りつくほど異様な光景だった。

すべての背もたれが前に倒された車内は、がらんとした棺桶の中のようでもあり、あるべき日常が捻じ曲げられてしまったかのような歪《いびつ》さに、底知れない恐ろしさを感じたと云う。

先程の黒い顔は見間違いではなかったのだと、否応無しに突き付けられた気がした。

「響さん、俺、幽霊を見た訳ではないんですけど、これまで生きてきた中で、一番説明がつかない怖い経験だったんです」

Kさんはそう言うと、少し照れながら微笑んだ。

「ただ、その後に車の背もたれを一つずつ戻すのが、本当に気持ち悪くて嫌だったんですけどね……」

その瞬間を思い出すように顔を顰《しか》めながら、Kさんはそんな話をしてくれた。

箪笥

私の友人で酒井さんという女性がいる。音楽と猟奇的ホラー映画をこよなく愛する変わった人物だ。以前、私がＤＪをしていたクラブに遊びに来てくれた際に、彼女が或る不思議な話を聞かせてくれた。

「私の中学の同級生にエリちゃんっていう子がいたんだけど、この子がちょっと変わっててね。小学校の時に信じられないくらい怖い思いをしたって言ってたんだけど――」

それは、エリさんが小学校五年生の頃だったと云う。

当時、彼女は東京葛飾区の小学校に通っていたのだが、ある日の放課後、同じクラスの友達十人程で近くの公園で遊ぼうという話になった。

そこは低層の団地に囲まれた住宅街にある古い公園。

鉄棒や滑り台などの遊具があり、敷地の周りは植栽で囲まれている。

鬼ごっこを始める男の子や、ブランコで遊ぶ女の子など、皆で思い思いに遊んでいたその時。

「うわぁあっ！」

突然、公園に甲高い叫び声が轟《とどろ》いた。

全員が声の方に駆け寄ると、そこには同じクラスの男の子が右足の膝を抱えて座り込んでいた。

半ズボンで剥き出しになったその膝には、真っ赤な血がべったりと付いている。

「ちょっと、どうしたの？　転んだの？」

エリさんが訊いた。

「転んでないよ。何もしてないのに、気が付いたら足から血が出てた」

男の子は怯えている。

「大丈夫？」

そう言ってエリさんは持っていたハンカチで、男の子の膝を拭いた。

血が拭われた後の膝には、確かに傷一つ付いていない――。

何か赤い液体を溢した訳でもなく、膝を見たら見覚えのない血が付いていたので驚いてしまったのだと、その男の子は言った。少し不気味な気もしたが、その時は皆、特にそれ以上気にすることはなく、また遊びの続きを始めることにしたという。


しばらくして。エリさんが、友達と滑り台で遊んでいた時。

「ねえ、エリちゃん！　これ、どうしたの？」

ちょうど滑り台を滑ろうとした時、後ろで待っていた友達が言った。

「何？」

「ほら、ここ……」

エリさんが後ろを振り返ると、友達が青い顔をしてエリさんの左肩を指差している。

「肩に、血が付いてるよ」

エリさんが自分の肩を見ると、服の上に直径三センチ程の赤い血痕が付いていた。

もちろん、心当たりは無い。

「えっ！　何これ？」

エリさんは驚きのあまり思わず叫んでしまった。

「ちょっと、この公園、変だよ……」

誰からともなくそんな声が上がり、さすがに今日はもう帰ろうという話になった。

ただ、エリさんの家は両親が共働きで、今家に帰っても誰もいない。

この後、一人で帰るのも気味が悪いし、もう少し友達と遊んでいたいと思う気持ちもあったので、エリさんは仲良しの女の子友達二人を、自分の家へ遊びに行こうと誘うことにした。


エリさんの家は、その公園から歩いて五分ほどの場所にある。

先に述べた通り、両親は共働きのため家には誰もいない。一人っ子だったエリさんは、そんな境遇について、たまに寂しいと思うこともあったそうだが、親の目を気にせず遊ぶことができるという利点もあったため、特に不満はなかったという。

友達二人を連れて、エリさんは家に帰ってきた。

そこは、オーソドックスな2ＬＤＫのマンション。玄関を入ると正面に廊下が伸びていて、右側に両親の部屋。突き当たりにリビングがあり、その右隣には襖を隔てて和室があった。

夕方の静かな時間。

三人はリビングに入り、机を囲んでお喋りを始めた。クラスの男の子に意地悪されて腹が立ったとか、あの先生は嫌いだとか、他愛もない会話で楽しく盛り上がっている。

「そうだ、トランプでもする？」

エリさんがそう言って、立ち上がろうとしたその時だった。


――バタバタバタバタバタ。


隣の和室から、子どもの走るような足音が聞こえた。

「……」

三人は水を打ったように固まってしまった。聞き違いではない。確実に子どもの歩幅で畳の床を駆け回るような足音を耳にした。互いの反応を見る限り、全員が同じ音を聞いたのだと思われた。

「誰か――いる？」

友達が小さな声で言った。

エリさんは首を横に振る。

この時間、家には誰もいるはずがない。

エリさんは、ゆっくりと立ち上がり、恐る恐る和室の襖をスーッと開いた。

——誰もいない。

部屋には綺麗に整頓された本棚があり、その横には机が置いてある。

窓からは西日が差し込み、畳を夕陽が照らしていた。

「やっぱり誰もいないよ」

エリさんは襖を閉じた。気のせいなんじゃないかな——エリさんはそう言うと、仕切り直すかのようにまたお喋りを始めた。公園での出来事が微かに脳裏をよぎったが、考えると怖くなるので、あえて頭を切り替えようとしていたのかも知れない。

しばらく談笑をしていると、

——バタバタバタバタバタ。

和室の中から、はっきりと子どもの走る足音が聞こえた。

「やっぱり、音――したよね？」

「この家、ちょっとおかしくない？」

三人は不安そうに、お互いの顔を見合わせた。もはや疑いようがない。足音は確実に和室の中から聞こえていた。

張り詰めた空気の中、嫌な沈黙がその場を支配している。

その直後。


――ゴトン！


今度は和室の反対側。リビングの奥で鈍い音が鳴り響いた。

三人はびくりとして反射的にその方向に目を向ける。

そこには、二メートル程の洋服箪笥が置いてあった。

木製の箪笥で、上部には観音開きの扉が付いている。エリさんが物心ついた頃からこの部屋に置いてある古い箪笥だった。

「いま、あの箪笥から音――したよね？」

「うん。私も聞こえた」

三人とも同じ音を聞いている。

「ちょっと、見てきてよ」

「嫌だ。あなた見てきてよ」

三人は、小声で押し付け合うように言い争い始めた。そして、子どもらしい反応と言えばそうなるのだが「三人でジャンケンしよう。負けた人があの箪笥を見に行こう」という話になった。三人は寄り添うように小さく固まってジャンケンをした。

自分の運のなさを呪う——というと言い過ぎかも知れないが、負けたのはエリさんだった。

仕方がない。友達に「ここにいてね」と言うと、エリさんは箪笥の傍まで歩み寄った。

箪笥の開き戸に指を掛ける。

かちゃり——と扉を開いた。

恐る恐る開いた扉の隙間に顔を寄せ、中を覗き込む。

真っ暗な闇。

エリさんは、ゆっくりと扉を開いた。

ギギギギ……。

扉が開くに連れて、外からの光が箪笥の中の暗闇を薄めていくように照らし始める。

ハンガーに掛けられた冬物のコートやスーツ。吊り下げられたネクタイが目に入った。

目線を下に向けると、その下には畳まれたシャツが積まれている。そしてその上に、

――血に塗れた生首がごろりと転がっていた。


黒く血に濡れた髪の毛がべたりと額に張り付いて、目元に掛かっている。首の断面は引きちぎられたように潰れていて、どくどくと血が吹き出している。口元が少し開き、唇が微かに震えていた。それは、こちらをじっと見ている。

その眼球は、黄色く淀んだ色をしていた。

「きゃっ！」

思わずエリさんは弾かれたように箪笥から身を引いた。

そしてそれに連鎖するように、友達二人が絶叫する。

エリさんが振り返ると、友達二人は立ち上がって恐怖に歪んだ顔をしていた。

「私、帰る！」

「私も！」

そう叫ぶと友達は二人とも踵《きびす》を返して玄関の方へ走り始めた。

「待って、置いてかないで！」

エリさんは恐怖に駆られ、無我夢中で二人の後を追い掛けた。

廊下を走り抜け、一気に外へ飛び出した。

——バタン！

後ろ手に玄関の扉を閉めると、ポケットから鍵を取り出し、鍵穴へ差し込む。

がちゃりと右側へ鍵を回した。

次の瞬間——。

ドアノブが狂ったように『ガチャガチャガチャ！』と動いた。

得体の知れない生き物が暴れ回るように、ドアノブが激しく回転している。

それはドア全体をガタガタと揺らし、破壊しそうな勢いだった。

——内側から何者かが、外に出ようとしている。

「ぎゃぁあっ！」

エリさんは発狂したように叫ぶと、マンションの外まで逃げ出した。

その後、エリさんは怖くて家に戻ることができず、両親が帰って来るまでマンションの外庭で待っていたという。最初に母親が帰って来たので、エリさんはすぐさま一部始終を話したが、母親は半信半疑だった。母親と一緒に家に戻ると、不可解なことに和室にあった本棚の本が、すべて床に散らばっていた。母親は、空き巣かも知れないと思ったらしく、貴重品の確認をしていたが、結局、何も盗まれてはいなかったそうだ。洋服箪笥の中も母親に見てもらったが、変わったところは何もなかった。

ただ、一つだけ気味の悪いことがあった。

エリさんの家には玄関脇の棚に水槽があり、熱帯魚を飼っていたのだが、数時間前まで元気に泳いでいたその熱帯魚がすべて死んでいたと云う。

しかもそれらは、まるで死後数日を経たかのように、すべて腐敗していた。

「エリちゃん、親が共働きだったからいつも家の鍵を持ってたみたいなの。玄関を出るとすぐに鍵を掛ける癖が付いてたみたいなんだよね」

酒井さんはそう話をしてくれた。
もしそこで鍵を掛けなかったら――。

窓のない部屋

怪異体験を多く蒐集していると、改めて人の感性の多様性を痛感することがある。

常軌を逸した怪異に直面した時、人がどういう反応をしてしまうのかという事例は、怪異自体と同様に私にとって興味深いテーマだ。典型的なホラー映画のように絶叫してしまうケースもあれば、恐怖のあまり声も出ないというケースもある。また、現実感の無さゆえにその瞬間は意外と冷静だったという証言もあれば、意味不明のあまり笑ってしまったという人も稀にいる。

怪異を『観測されることを前提とした事象』と捉えるなら、それは個人的な主観を伴うものであり、それゆえに体験者がその怪異をどう認識し、どう反応（リアクション）したのかという点について、ある意味で冷静にヒアリングしたいと私は考えている。

そして、それこそが創作ホラーとは異なる実話怪談の一つの魅力なのかも知れない。

「私、その時は怖いを通り越して、感覚が麻痺していたのかも」

東京青山のクラブで知り合った美恵さんという女性は、笑いながらそう語ってくれた。

彼女が二十代の頃。

群馬県T市にある会社に勤務していたのだが、実家から職場まで二時間近く掛けて通勤していたという。仕事が暇な時は特に気にならないが、繁忙期になると合計四時間に及ぶ通勤時間は体力的にも精神的にも辛いものがある。

ある時、長時間の通勤に耐えられなくなった美恵さんは、思い切って職場付近で一週間ホテル暮らしをしようと考えた。ちょうど仕事がピークの時期だったという理由もあるが、たまには実家を離れて気儘に一人暮らし気分を楽しみたいという思惑もあったそうだ。

ホテルの質には拘らない。安宿で良いから職場に近くて、お風呂とテレビがあればいい。検索して見つけたホテルは駅の近くであるにもかかわらず格安の宿泊料だった。美恵さんはそのホテルに四泊五日で予約をした。

「響さん、私も驚いたんですけど、その部屋——窓がなかったんですよ」

そこは予想以上に古いホテルで、室内の空気は淀んでいて少し黴の臭いがした。安っぽい絨毯の床には、所々に薄汚れた染みが滲んでいる。当然シングルで予約をしたのだが、なぜか部屋が不自然に広い。部屋の突き当たりに二、三メートルほどの何もない空間がある。よく見ると、その不自然な空間の床には、四隅に凹んだ箇所があった。おそらくかつてはここにもう一台ベッドが置いてあったのだろう。

なぜ、もう一台のベッドは撤去されたのだろうか。

不気味に思う所もあったが、その日は仕事を終えて疲れていたので、すぐに寝ることにしたという。

ぎっ……。ぎっ……。ぎっ……。

真夜中に異様な音が聞こえて美恵さんは目が覚めた。

窓のない部屋の中は、漆黒の暗闇。

なぜかとても息苦しい。

胸の上を強く圧迫されているような不快感があった。

ぎっ……。ぎっ……。ぎっ……。ぎっ……。

相変わらず異様な音は続いている。

「――何？」

闇の中で少しずつ目が慣れてくると、仰向けに寝ている自分の目の前に、灰色で縦長の塊のようなものが二つ、揺れ動いているのが見えた。二十五センチ程の灰色の楕円が左右に並んで揺らいでいる。重い瞼をゆっくりと開き、それを見上げていると、次第にピントが合うように全体像が見えてきた。

頭上に浮遊するそれは、腐敗して変色した足の裏だった。

その上には痩せ細った脚が伸びている。

その脚を包むように周りに白い布が見えた。

――自分の真上に、首を吊った髪の長い女がふらふらと揺れている。

表情までは見えないが、確実に自分のことを視ていることがはっきりとわかった。

その視線は、強くこちらを射抜くかのように鋭い殺気を帯びている。

美恵さんは驚愕して息を飲んだ。

目の前にあるものをどう捉えてよいかわからない。

――幽霊？

生きている人でないことはわかる。ただ、幽霊が現れるという前提など自分の中には無い。どうしよう。誰か呼んだ方が良いのだろうか。でも、なぜ自分がそれをしないといけないのだろう。いや、どうして私の目の前に現れたのだろう。

次々と頭に浮かぶ疑問と目の前の怪異が、結び付くことなく並列に実在している。もしかすると、大事故に遭った際にちょうど体の一部だけが無傷だった時のように、恐怖という感覚だけが瞬間的に置き去りにされた状態だったのかも知れない。

――いや、私は休むためにホテルに来てるんだけど。

頭上に揺れる首吊り死体を眺めながら、美恵さんはそう呟いた。

――私、お金払ってるし。

手の届く範囲の常識的な概念に存在する『理不尽さ』という感情が、朦朧とした思考に滑り込むように割り込んできた。

――明日も仕事だし。寝たいし……。私、寝ます！

美恵さんはそのまま目を閉じると、数分で見事に熟睡してしまった。

次の日、美恵さんは特に何事もなく仕事に向かい、夜にまたホテルへ帰って来た。

当然、昨夜の出来事は気になっていたが「部屋を替えてもらおう」とか「実家に帰ろう」という発想は一切無かったそうだ。テレビを見ながら買ってきたビールを二缶ほど空け、ほろ酔い気分で風呂に入り、その日もすぐにベッドへ入った。

どちらかと言うと美恵さんにとっては混雑した通勤電車を逃れ、仕事終わりにすぐリラックスできていることの方が嬉しかったのだろう。

布団に包《くる》まると程なくして、美恵さんは眠りに落ちた。


ばたん……。ばたん……。ばたん……。

夜中に美恵さんはふと目が覚めた。

部屋の奥で異様な音がする。

枕元の小さな照明が、朧げな暗い光を壁に映していた。

「……」

美恵さんが目を開けると、部屋の奥でごそごそと何かが動いているのが見える。

上体を起こしてその方向を見ると、美恵さんは思わず「えっ?」と声を漏らしてしまった。

部屋の奥。以前はもう一台のベッドが置いてあったであろう何もない床の上。

――そこに、昨夜首を吊っていた女が、全裸で四つん這いになっていた。

その女は、ばたばたと床を這いずり回っている。

何かを探しているのだろうか。それとも、何かを訴えたいのだろうか。


彼女は声の限り絶叫して、半狂乱で泣き叫んだまま部屋を飛び出した――と書きたいところであるが、事実はそうではなかったらしい。

美恵さんは大きな溜め息をつくと、項垂《うなだ》れたように肩を落とした。

――おい、まだ二日目なんだよ。私は四泊分のお金払ってるんだから寝かせてくれ。

彼女は心の中でそう呟くと、一呼吸置いて大きな声で言った。

「すまん!」

女の幽霊は、ぴたりと動きを止めた。

四つん這いの姿勢のまま、首を垂れて硬直したように固まっている。

美恵さんはどさりと頭を枕に落とし、布団を被るとすぐに熟睡したという。

「その女、三日目以降はもう出なかったんです。私が構ってあげなかったから、その女も諦めたみたい」

美恵さんは、笑いながら私にそう話してくれた。

でも後から考えると、かなり怖い話なんですけどね――と、美恵さんは少し真面目な顔をして言った。

淵

二〇一九年秋。

私は、音楽関係の友人数名と山梨の某湖付近にあるペンションへ遊びに行く機会があった。そこは湖畔の林の中にある一戸建てのペンション。リビングには大きな窓があり、外には美しい木々が見える。開放的な空間の中、皆で呑みながら音楽を聴いて歓談し、良い休日を過ごしていた。

しばらくすると、経営者の槌田さんという男性が部屋を訪れた。

「すいません。よろしければ写真を撮影させてもらってもよいでしょうか？　うちのペンションのホームページに掲載させて戴けると有り難いのですが」

特に断る理由も無かったので我々は快諾したのだが、友人の一人がビールを片手に
「お礼にこの人に怪談話でもしてあげてください」と、私を指さして言った。

怪談蒐集をしている身としては有り難いのだが、脈略もなくそんな話題を振るのは少し酔狂も過ぎると思われるだろう。

「なんか、変なノリですいません。突然そんなこと言われても困りますよね」

私が遠慮してそう言うと、槌田さんの反応は意外なものだった。

「怪談って、幽霊の話ですか？　私も以前、怖い思いしたことありますよ」

突然ぐっと前のめりに「本当ですか？」と聞き入ってしまった私を見て、おそらく槌田さんは驚いたに違いない。ただそれは、とても興味深い体験談だった。

槌田さんが二十六歳の頃。

A君とB君という男友達と、Cさんという女友達の合計四人で、肝試しに行こうという話になった。

なぜそういう流れになったのかは明確に憶えていないそうだが、おそらく話の弾みと若気の勢いで、気が付いた時には夜の山道を車で運転していたと云う。車内はとても楽しい雰囲気で、皆、一様にテンションも上がっており、絵に描いたような肝試しの道中を満喫していた。

行き先は、山梨でも有名な心霊スポットとして知られる、とある渓谷の淵だった。戦国時代に隠し金山があり、そこを治めていた武将が滅亡の危機に瀕した際、秘密保持のため従事していた坑夫と訪れていた遊女を谷底の淵に落として殺害したという伝承の残る場所である。


槌田さんたちは、現場近くの国道に車を停車し、そこから山道を降りた。

あたりは真っ暗で、懐中電灯無しでは何も見えない。渓谷の下には川が流れており、ザーッというホワイトノイズのような沢の音が止まることなく鳴り響いている。

ゆっくりと足元をライトで照らしながら山道を下っていると、突然、川の方からパシャパシャと激しい水音が聞こえてきた。

それはまるで大勢の人が、川の浅瀬を走り回るような音だったと云う。

槌田さんたちは、足を止めた。

「聞こえる?」

「うん……聞こえる」

「動物かな?」

そんな会話をしていると、突然。

——きゃはは。ふふ。ふふふ——。あははは。


川の方から、女性が声高に笑う声が聞こえてきた。

声の感じからするとかなり大勢の声だ。

「……女の声？」

槌田さんは一瞬ぞっとしたそうだが、他にも肝試しの団体が来ているのかと思い、すぐに冷静さを取り戻した。

そして、ふざけるように友人をからかい始めた。

「何か聞こえるよ。あれ、幽霊かな？」

「やめろよ」

「お前、怖いんだろ？」

持っていた懐中電灯を友人の顔に向けると、彼は嫌そうに顔を顰《しか》めて怖がっている。

「もう少し行ってみる？」

槌田さんがそう言ったその時だった。

——はははははは。ふふふ——あはははははは。

甲高い女性の笑い声が、凄い勢いでこちらに近付いて来た。
それは暗闇の中を一直線にこちらに向かって猛進して来る。
足場の悪い蛇行した山道の中、そんなことは有り得ない。
心許ない懐中電灯の明かりの中で、全員の表情が凍りついた。
「やばい!」
誰かが叫んだ。
気付いた時には、反射的に全員が踵を返して全速力で車に向かって走っていた。
山道を一気に駆け上がり、車道に出ると道路脇に停めてある車へ駆けつける。
槌田さんは車の鍵を開け、滑り込むように運転席に飛び乗った。
バタン! バタン! ——バタン!
助手席にCさん。後部座席にA君とB君。全員が車に飛び乗り、ドアを閉めた。

「みんな乗った？」

槌田さんが叫ぶ。

「乗った！」

「乗ったよ！」

「乗った！」

槌田さんはすぐさまエンジンを掛け、車を急発車させた。

猛スピードで、車は闇の中を走行する。

「……」

張り詰めた緊張の中、誰も言葉を発しない。

車の中では、ＣＤプレイヤーの音楽が自動再生されていた。それは当時流行りの歌謡曲だったが、再生されて間も無く、ゴゴゴゴォゴォ――と、再生速度を落とした時のように低い唸り声のような不快な異音になった。こんな不具合は起きたことがない。

――ォオオオ……グォゴゴゴォ……。

おぞましい呻き声が全員の鼓膜に焼き付いた。

「お願い！　止めて！」

助手席にいたCさんが叫ぶ。槌田さんは音楽を停止した。

――ピリリリリ！　ピリリリリ！

突然、後部座席の右側にいたA君の携帯電話が鳴った。

びくりとして槌田さんがバックミラー越しに後ろのA君を見ると、彼は真っ青な顔をして携帯電話に出た。

「もしもし？」

……。

運転中の槌田さんには後ろの様子がわからない。

ただ、夜中にこのタイミングで電話が掛かってくる時点で、何かがおかしい。

「え？　お前それ、どういうこと？」

電話をしているA君は怯えながら喋っている。

その直後。

「うわあぁっ」

A君が呻くように叫んだ。

「おい、ちょっと車停めろ！」

槌田さんは思わず後ろを振り返る。

――後部座席には、A君一人しか座っていなかった。


「響さん、その電話ね――B君から掛かってきた電話だったんです」

「どういうことですか？」

「僕ら、B君を置き去りにしちゃってたんですよ……」

全員が車に乗ったことは、間違いなく確認したと槌田さんは言っていた。

後部座席のA君も、隣に人が乗っているのを確実に見ていた。

しかし実際には、B君が車に乗っていなかったのだと云う。

槌田さんたちはすぐに引き返して置き去りにしたB君を迎えに戻った。

「……お前ら、最低だよ」

暗闇の中で震えながら待っていたB君に、ひどく怒られたそうだ。

「その時ばかりは本気で怒られましたよ。後輩なんですけどね」

槌田さんは笑いながらそう話をしてくれた。

「でも、そいつの代わりに誰が車に乗ったのか——今でもわからないんですよね」

現在、その渓谷の淵は閉鎖されて立ち入り禁止になっている。

チベット

数年前。

東京渋谷のあるクラブで藤井さんという男性に会う機会があった。

年齢は五十代前半だが、とてもその年齢には思えないほど若々しい。人柄の良さが滲み出るほど優しい笑顔の人で、話がとても面白く、若い頃にはリュック一つを担いで世界中を旅して廻った――そんな経験を持つ魅力的な人物だった。

「怖い話かどうかわからないんだけど、僕も不思議な経験したことありますよ」

薄暗いバーカウンターの前でグラスを傾けながら藤井さんはそう言うと、かつてチベットで体験したという奇妙な話を聞かせてくれた。

それは、一九八三年か八四年のことだったと云う。

二十歳を迎えた頃の藤井さんは、チベットという場所に強く興味を惹かれていた。チベット仏教という信仰や、そこに絡む大国の動向や情勢など、歴史的にも様々な変遷を持つ秘境とも言える異国の地――。藤井さんは、一度その場所を自分の目で見てみたいと切望していた。

一九八〇年代初頭のチベットは、一時的な政治的融和が訪れた時期でもあり、外国人訪問者への開放が解禁されつつある時期でもあった。しかし、依然として情勢は安定しておらず、入国ルートは制限されており、気軽に観光目的で旅行できるような状況ではない。

藤井さんはいろいろと策を練った結果、ある国際NGO団体と合流し、そのメンバーと共にチベットへ入国する方法を考えたそうだ。その団体は諸外国の現地調査を目的としており、藤井さんが参加したグループは、イギリス人二名、オーストラリア人二名が在籍するチームだった。紆余曲折あったそうだが、藤井さんらはなんとかチベットに入国することができたという。

しばらくの間、藤井さんたちはラサという街に滞在していた。

チベット語で『聖地』を意味するラサは、標高約三千六百メートル。富士山の山頂ほどの高さに位置し、当時でもかなり大きな街である（現在の人口は四十万人以上）。後に世界遺産として登録される巨大な寺院、ポタラ宮（ちなみにダライ・ラマ十四世は、幼少期にここで仰向けに倒れている白髪の幽霊を見たと云う。怪談好きにとっては垂涎ものの逸話である）を始め、チベット仏教の荘厳な寺院が、宗教集落と呼ばれる民家群の要所に点在していた。石造りの建物に囲まれた狭い路地を抜けると、屋台が並ぶ市場に出る。動乱の渦中においても信仰と共に生きるラサの人々を見て、藤井さんは強く心を打たれたと語ってくれた。

そんなラサの街で、藤井さんは一人の日本人男性と出会うことになる。

それは、『ヨウスケ』という十七歳の少年だった。

英語、ベンガル語、ネパール語を喋り、厳しい環境でも生き抜く逞しい適応能力を持ちながらも、陽気で愛嬌のある若者だ。

――一体どういう経緯でこの少年は単身チベットに居るのだろうか。

気になった藤井さんは身の上を訊いた。

彼は二年前に福岡の中学を卒業後、親と喧嘩の末に家出をして、そのまま船に乗り北京へ渡ったのだという。そして、バックパッカーをしながらインドのバラナシという街に辿り着き、そこでしばらく観光ガイドの仕事をしていた。その後、チベットに惹かれ、ラサに滞在していたところ藤井さんと合流するに至ったそうだ。

桁違いに破天荒な青春を過ごしていた少年だったが、そろそろ日本に帰りたいと考えている節もあるという。

「俺たちと一緒に来るか？　帰国したいなら、どこかのタイミングで一緒に日本大使館に行って相談しよう」

藤井さんはそう言うと、彼を自分の仲間に紹介することにした。異国の地で会う日本人ということで二人は意気投合し、結果、ヨウスケさんは藤井さんのグループと行動を共にすることになった。

数日後――。

ラサでの滞在を終えた藤井さん一行は、ネパールを経由してインド北部へ移動する計画を立てていた。

現地で聞き込みをしたところ、ラサから西へ行った所に在る村に、ネパール経由でインドへ行くバスが出ているという。藤井さんたちは、さっそくその村を訪れた。

ラサとは異なりそこは小さな集落。目的の場所は割とすぐに見つけることができた。

バス会社の看板を掲げた小さな古い建物。傍には十五人乗り程の小さなマイクロバスが停車している。乾いた砂塵と埃を被った車体は、ネパールの厳しい自然の中を長年に渡り走り続けてきた風格があった。

建物に入ると、一人の中年男性が受付デスクの傍に座っている。

「すいません。インドへ行くバスに乗りたいのですが……」

藤井さんがそう言うと、男性は呂律の回っていない口調で不機嫌そうに返答した。

「あんたたち、何人?」

「六人です」

「え?　六人じゃバスは出せないよ。せめて十人集めて来てくれ」

片手にドブロクの酒瓶を持った男性は、明らかに泥酔していた。

定期的にバスを出しているというより、乗客が集まればバスを出すという操業なのだろう。

藤井さんたちはどうしようかと途方に暮れたが、幸いにも同じ悩みを抱えたバックパッカーが村の安宿に滞在していたため、すぐに乗客は集まったという。

バス会社に戻ると、受付の男性は上機嫌で「この人数ならＯＫだ」と言い、酒気を帯びたままバスの運転席に飛び乗った。

清々しい空気の中、チベットの荒涼とした大地をバスは真っ直ぐに走って行く。突き抜けるように澄んだ青空。

見渡す限りの岩と黄土の平原が果てしなく広がっている。

地平線の先には、頂に雪を帯びた山陵が神々しく峰を連ねていた。

――そしてバスは、カイラスという山岳地帯の崖道に入った。

カイラス山はチベット仏教やヒンドゥー教といったチベット・ネパール周辺の信仰の聖地とされている霊峰であり、標高六千メートルを超える未踏峰である。

バスから見える景色は、どこまでも限りなく兀々《ごつごつ》とした岩の山肌しかない。窓から外を覗くと肝を冷やすような断崖絶壁の奈落が目に飛び込んでくる。崖沿いの険しい道を縫うように走っているため激しくバスが揺れており、座っていても腰が痛い。

山岳の道沿いには、タルチョと呼ばれる万国旗のような五色の旗がたなびいていたり、ストゥーパと呼ばれる石塔が立ち並んでいたりなど、チベット仏教特有の風景が広がっていた。

カイラスに入って数時間後。

突然ヨウスケさんが弾かれたように席を立ち、運転席まで駆け寄った。

「すいません！　ちょっと車、停めてください！」

慌てた様子だったので、運転手はトイレかと思ったのだろう。すぐにバスを停車してくれた。

「ヨウスケ、一体どうした？」

藤井さんが尋ねる。

「あ、藤井さん。今、そこの崖の上に教会があるのが見えたんですよ。気になったから、ちょっと観に行きたいんです」

「教会……？」

外を見ると、斜面の上に微かだが木造の小屋らしき屋根が見える。

「ああ、確かに何かあるね。――修道院かな？」

藤井さんがそう呟いた時には、気の早いヨウスケさんはもうバスを降りて崖をよじ登り始めていた。崖といっても勾配の緩やかな岩場だったのでそこまで険しくはない。

「おい、あいつ何処に行く気だ？」

運転手が声を荒げた。

「この辺りは野犬が出る。危ないから誰か連れ戻しに行ってやれ」

藤井さんは外国人の仲間二人を連れてバスを降り、ヨウスケさんの後を追った。しかし、体力の有り余る十代の少年は、すでにもう数十メートル先の岩場をまるでアスレチックを楽しむかのように軽々と登っている。

「おい、ヨウスケ！　戻って来い！」

藤井さんが叫んだその時。

——前を行くヨウスケさんのすぐ傍の岩陰から、黒い影が躍り出た。

それは、一匹の野犬だった。

野犬というのは非常に凶暴で、群れになって行動する。狙った獲物は仕留めるまで執拗に攻撃する習性があり、ことネパール近辺の野犬は狂犬病である危険性も高い。

「ヨウスケ！　危ない！」

藤井さんは大声で叫んだ。ヨウスケさんは驚いて野犬から後ずさる。

すると、岩陰からさらに二匹、三匹、四匹——と、次々に野犬が現れ始めた。

黒い獣はヨウスケさんを取り囲み、次第にその距離を縮めてゆく。

「おい、急げ！　助けに行くぞ」

外国人の仲間が言った。全員に緊張が走る。そして次の瞬間。

「ぎゃあああっ！」

一匹の野犬が弾丸のようにヨウスケさんに飛び掛かると、右足の脛《すね》に噛み付いた。

絶叫したヨウスケさんがその場に倒れ込む。

「まずい！」

藤井さんが叫んだ時には、周囲の野犬が一斉に倒れた獲物に襲い掛かろうと戦闘態勢に入ったところだった。

——その時。

カンカンカンカンカンカンカン！

金属を叩く凄まじい音が一帯に鳴り響いた。

見上げると、崖の上に十人ほどの黒い人影がずらりと並んで立っている。

それは修道服を着た女性の集団だった。

皆それぞれの手に鍋やフライパンを持ち、けたたましく打ち鳴らしている。

耳を貫くような金属音。

驚いた野犬の群れは、サーッと波が引くように散り散りに逃げていった。

「おい、ヨウスケ！　大丈夫か？」

藤井さんたちがヨウスケさんの元へ辿り着くと、彼は右足の脛の側面を手で押さえながら苦悶の表情で倒れていた。

右足の脛からは血が流れており、ズボンは破れ、その下の肉は喰いちぎられている。

孤立無援の山岳地帯の中、状況は絶望的だった――。

「大丈夫ですか？」

気が付くと、すぐ傍に三人の修道服を着た女性が佇んでいた。

「急いで手当てしないと危険です。すぐこちらに来てください」

女性たちはヨウスケさんの様子を見るなりそう言うと、崖の上まで案内してくれた。

全員でヨウスケさんを担ぎ、崖の上に出た。

藤井さんはその時に観た光景を、今でもはっきりと覚えていると云う。

澄み切った空気。あたりは一面の草原。

そこに切妻屋根の修道院が建っている。

周りには花壇や緑の畑があり、植物が育っていた。

右側には小さな小川が流れており、太陽の光を浴びてキラキラと輝いている。

そしてその先には、おそらくここに住む女性たちの宿舎だろうか、もう一つ別の木造家屋が建っていた。

美しい光景に、藤井さんは一瞬、呼吸を忘れるほど見惚れてしまった——。

しかし、すぐにヨウスケさんを手当てしなければならない。案内されるまま、藤井さんたちは修道院に入った。

建物の中は、礼拝堂のような造りだった。祭壇らしきものが並んでいたような気もするが、記憶は定かではないという。窓から光が差し込み、木造の壁や床を静かに照らしている。古い建物だと思われたが、綺麗に掃除されており清潔感があった。

「彼をそこへ寝かせてあげてください」

一人の女性にそう促され、藤井さんはヨウスケさんを床にそっと寝かせた。

しばらくすると、奥の扉から白い修道服を着た老婦人が現れた。

おそらくここのシスター長だろうか。年齢は七十歳を超えていると思われる。気品のある立ち振る舞いで、静かにこちらへ歩み寄って来た。

「お怪我をされたようですね。すぐに手当てしましょう」

老婦人はそう言うとヨウスケさんの傍にかがみ込んだ。周りを数人の黒い修道服を着たシスターたちが静観している。藤井さんたちは固唾を飲んで見守るしかなかった。

老婦人は袂から白いハンカチのような布を取り出すと、怪我をしたヨウスケさんの右足にそっと掛けた。白い布に内側からじわりと赤い鮮血が滲んで広がってゆく。

老婦人はかがんだ姿勢のまま、ヨウスケさんをじっと見ている。

しばらくして、老婦人が何かを呟いていることに藤井さんは気付いた。

「……」

老婦人はぼそぼそと小さな声で呪文のような言葉を唱え続けている。言語というより歌の節のようにも聞こえる。どこか緊張感を伴う神聖な空気を感じた。

そして老婦人は懐から小さな瓶を取り出すと、それをヨウスケさんの右足の上で傾け、透明な液体をそこに垂らし始めた。

ぽたり。ぽたり。と、白い布に水滴が零れ落ちる。

消毒でもしているのだろうか。しかし、それなら直接傷口を洗うはずである。布の上から消毒液をかけても効果はない。

藤井さんは不思議な感覚に包まれながらその様子を見ていた。

どれくらい時間が経っただろうか――。

老婦人は呪文を唱えるのを止め、静かに立ち上がった。

「もう大丈夫ですよ」

優しい笑顔でそう言うと、ヨウスケさんの右足に掛けた白い布をスッと取り除いた。

――えっ！

藤井さんたちは、驚いて目を見開いたまま立ち尽くしてしまったと云う。

先程まで肉がえぐれて無残な噛み傷があった場所。

――その傷跡が綺麗に無くなっている。

老婦人が手に持った白い布で右足に付着した血を拭うと、その下の皮膚があらわになった。傷のあった場所は少し盛り上がってはいるものの、綺麗に塞がっている。

――右足は完全に治っていた。

藤井さんは自分が見ているものが信じられず言葉を失った。

ヨウスケさんが笑顔で立ち上がる。

「あれ、藤井さん。俺、治りましたよ！　ほら！」

彼はその場でトントンと右足で床を踏み鳴らし、嬉しそうに飛び跳ねてみせた。

信じられない光景を目の当たりにして困惑している藤井さんたちを尻目に、一番不思議がってもよいはずの当事者本人が、意外にもあっけらかんとしていた。

外国人には難しい日本語かも知れないが、『狐に抓《つま》まれたような感覚』とはまさにこのことであろう。不可解なことが多過ぎて混乱していた。

しかし、崖の下には長時間バスを待たせている。

藤井さんたちは助けてくれた女性たちに手厚く御礼を言うと、修道院を後にした。

「お前たち、一体こんな時間まで何処に行ってたんだ！」

崖を下ってバスに戻ると、運転手が声を荒げて怒っていた。藤井さんは運転手を宥めると、崖の上で見た一部始終を話した。途中までは不機嫌そうに話を聞いていた運転手だが、藤井さんが話し終えると眉間に皺を寄せ、真面目な顔で言った。

「こんな場所に人なんか住めるわけないじゃないか。一体何を言っているんだ？」

――そう言われて藤井さんもはっとした。

標高は四千メートルを超えている。確かに運転手の言う通りだ。

人里から遥かに離れた厳しい自然の中に孤立した山岳地帯――ここにあのような形で生活するのはまず不可能である。そもそも植物すら育つ環境ではないのに、草原や畑といった風景があることなど絶対にあり得ない。

冷静に考えればわかることだが、そもそもチベット仏教の聖地であるカイラスに、キリスト教の修道院があること自体、考えられない話である。

この点について詳細を訊いたところ、藤井さんは明確に、十字架等のキリスト教的なシンボルを目にした記憶がある訳ではないと云う。そこに居た女性の風貌や、建物の雰囲気から、咄嗟にキリスト教の修道院と思い込んだだけかも知れないと語ってくれた。

ただ、仮にそれが修道院ではなく、何らかの理由で共同生活をしていた団体だったとしても、やはり人が住める環境ではない以上、その事実はあり得ない。

もしかしたら、気圧も低い場所だから高山病の症状で幻覚を見たのだろうか。

その可能性も考えたそうだが、仲間の外国人も同じものを見ている。

そしてそれが幻覚ではない何よりの証拠として、ヨウスケさんの足の傷は、僅かな痕跡を残して完治しているのだ。


今もなお情勢は安定しているとは言い難いチベット。動乱の狭間においてカイラスの山岳地帯も簡単に入山できる場所ではないと云う。

そこに偶々巡り合わせた藤井さんが体験した奇妙な怪異――。

その貴重な体験談に私は心から感動し、無我夢中で食い入るように話を聞いていた。

そして最後に一つ、どうしても気になったことを藤井さんに質問した。

「藤井さん、その修道院らしき場所にいた女性たちとは、何語で話されたんですか？」

すると、藤井さんは一瞬口元を結び「あっ」と静かに呟いた。

――どんな言語で会話したのか覚えていないと云う。

当時の藤井さんたち一行にはネパール語に堪能な人はいなかった。唯一ネパール語を喋れるヨウスケさんも、怪我をして苦しんでいた状況である。

「でもなぜか普通に会話ができてたんだよね……」

藤井さんは、首を傾げながらそう言った。

——世界には、まだまだ我々の知らない不思議なことがたくさんある。

藤井さんは優しい笑顔を湛えながら、そんな話をしてくれた。

なんと素晴らしい世界だろうか。


海外の怪談というものは、私にとって非常に興味深いカテゴリの一つである。環境や文化的背景が異なる状況において、日本ではあまり聞いたことが無いような珍しい怪異体験談を耳にする機会もあれば、日本土着の怪談と共通する要素を持つ怪異譚も多数存在する。

幽霊、精霊、悪魔、妖怪——。超常的な『何か』をどういう言葉で表現し、どうアプローチするのかという方法は、それぞれの文化圏によって異なる。しかし、その『何か』には、実は共通する根源が存在しているという可能性はないだろうか。

そうした考察を想起させるという意味で、海外の怪談は、文化や宗教、社会的背景を文脈として語る面白さもあれば、それらを超えた人類に共通するプリンシプルな感性や、未知なる対象への畏敬を改めて感じさせてくれるものだと私は思う。

そしてそれらの考察を経た先に、超常的な『何か』の存在感が、ある種のリアリティを帯びて浮き上がってくる。そこに見える景色は怪談蒐集をライフワークとする私にとって、旅の果てに観た最高の絶景であり、原風景とも言えるだろう。

重い足音

ジャズ・シンガーの瞳さんという女性から聞いた話である。

彼女の祖父と弟には、一般の人には見えないものを見たり聞いたりするいわゆる霊感というものがあった。霊感が遺伝するという医学的根拠は無いが、まるで隔世遺伝をしたかのように祖父の奇異な特性を弟が引き継いでいたと云う。

瞳さんの実家は埼玉県H市に在る。

彼女が高校生の頃、ある日を境に自分の部屋で「何者かの強い視線」を感じるようになった。夜、一人で部屋にいるとサッと空気が変わったように背筋が寒くなる。その直後には決まってパチパチと天井の蛍光灯が点滅し、部屋の隅から息遣いのようなものが聞こえる。

それは、恐怖というより違和感に近いと瞳さんは言っていた。

得体の知れない恐ろしさは少なからずあったが、心のどこかでは幽霊の類を信じていない（信じたくはない）という考えもあった。これは気のせいに違いない——と自分に言い聞かせるように過ごしていたそうだ。

そんなある日の夜、弟が部屋に入ってきた。

「お姉ちゃん、大丈夫？」

弟は部屋の中を見渡してそう尋ねる。

「大丈夫って、何が？」

「いや、この部屋……」

「この部屋がどうかしたの？」

「子どもがいるよ」

——子ども？

その時、瞳さんは驚いたと同時になぜか妙な解放感を覚えたと云う。

自分が抑え込んでいた違和感に対する答えを、素直に認めて良いのだと思った。

「そう。やっぱり……」

「でも気にしなくていいよ」

弟が言うには、寂しくて構って欲しい子どもの霊が姉に憑いて家に入って来たそうだ。ただ、悪意のある霊ではないため、そのうち飽きたら去って行くだろうとのこと。

「あんた、やっぱりそういうのわかるんだね」

瞳さんがそう言うと、まあねと弟は朴訥に答えた。

「幽霊、怖くないの?」

「うん。ただそこにいるだけで、大抵は放っておけば良いものばかりだよ」

幽霊を見た経験の無い瞳さんからすると想像もつかない話だ。

「あ、でも去年一度だけ本気で怖いことがあったかな……」

それは、夏休みを目前に控えた初夏の週末だったという。

ある日の深夜。

弟が自分の部屋で寝ていると、これまでに経験したことが無いような息苦しさを感じて目が覚めた。身体が重い。ぐったりと疲れ切っていて、ずしりと布団に沈み込むような感覚だった。

電気を消していたので部屋は暗い。重苦しい空気が闇の中に満ちている。

ギ……ギ……ギ……。

部屋のドアが軋みながら開く音が聞こえた。

——誰？

家族の誰かが入って来たのかと思った。しかし、次の瞬間。

ドス……。

床を踏み鳴らす音が聞こえた。

ドスッ……。ドスッ……。ドスッ……。

誰かが強く足を踏み鳴らしながらこちらに近付いて来る。意図的に強く床を踏み付けて歩いているのだろうか。それとも、何か重い荷物を持っているのだろうか。寝ているベッドに振動を感じる程、その足音は重く床に響いている。

そしてそれは、ゆっくりと寝ている弟の方へ近付いて来た。

ドスッ……。ドスッ……。ドスッ……。

——家族じゃない。

弟は目を開けた。

闇の中でガラスのような目をした女が、前傾姿勢でこちらを覗き込んでいる。

その女は口を半分開けたまま瞬きもせず、寝ている弟の顔を視ていた。

そして、女はゆっくりと顔を近付けてくる。

微かな呼吸音のような音が女の口元から漏れていた。

殺意。悪意。怨念――。どう表現してもよいのだが、これまで幽霊を見慣れていた弟ですら、その女の放つ醜悪な念を帯びた圧力に押し潰されそうな危機感を覚え、耐えられない程の恐怖を感じた。

「うわっ！」

弟は思わず声を上げ、ぐっと目を閉じた。俺は何もできない。とにかく何処かへ行ってくれ――。そう願いながら必死で耐えた（怪異体験談の中にはこうした局面において金縛り状態にあったという証言が多いが、瞳さんの弟の場合、金縛り状態ではなかったそうだ）。

弟は必死に目を閉じていたが、その時の視線と気配は凄まじいものがあったと云う。

しばらくの沈黙の後。

ドスッ。

再び足音が部屋に響く。

ドスッ……。ドスッ……。ドスッ……。

それは徐々に遠ざかって行き、そのまま気配が消えた。

大量の冷や汗で衣類が濡れており、弟は電気を点けて起き上がるとすぐに着替えをしたそうだ。

その日から、弟の左脚の膝が腫れ始めた。

日に日に膝関節が大きく膨らんでいく。

病院に行って診断を受けたところ「水が溜まっている」と言われ、取り急ぎ水を抜く処置をしてもらったが、原因はわからないという。

嫌な予感がしていた――。


そんなある日の深夜。その足音は再び現れた。

ドスッ……。

嫌悪感と違和感。最初にそれを経験した時の記憶が蘇る。

「やばい!」

寝ていた弟は、ぞっとして目を覚ました。

ドスッ……。ドスッ……。ドスッ……。

暗い部屋の中で、足音がこちらに向かってゆっくりと近付いて来る。弟は思わず目を見開き、首を持ち上げて音のする方を見た。部屋の入り口とベッドの間。乱雑に本が散らかっている床の上。

そこに、あの女が立っていた。

ドスッ……。ドスッ……。

それは確かにその女の足音に間違いない。

「ああ。そういうことか――」

弟は自分が感じていた嫌な予感の正体を見た。

その女は、足を強く踏み鳴らしていたのではなかった。

――その女には、左脚が無かったのだ。

片脚だけで飛び跳ねながら移動しようとすると、必然的に床を足で踏み鳴らすことになる。重い足音の正体はそれが原因だった。

枕元に立った女は前傾姿勢になり、目を見開いてゆっくりと顔を近付けてきた。生気の無い二つの眼球が、じっと弟の顔を直視している。

「……」

そうだ――この人は自分の左脚を探しているのだ。

すぐに弟は理解した。気を張るなら今しかない。弟は歯をぐっと噛みしめて身体の芯に力を入れ、恐怖を押し殺した。

「あなたの足は、知らない」

弱みをみせると良くないということを、弟は経験上知っている。声は上ずっていたが、毅然として弟は言った。次の瞬間、目の前がすっと暗くなり体の力が抜けて気を失ったという。

次に気が付いた時には、もうその女は消えていた。

瞳さんは知らなかったが、弟はその次の日に祖父に相談して御祓いに行ったそうだ。

「幽霊が見えるって、やっぱり辛い時もあるみたいですね」

瞳さんは、私にそんな話をしてくれた。

この奇妙な話は、彼女が直接家族から聞いた体験談であり、彼女の実家で起きた怪異である。それゆえに強烈に印象に残っており、今でも忘れられない——と、瞳さんは語ってくれた。

ちなみに弟の膝は御祓いに行った直後すぐに快方に向かい、早々に完治したと云う。

考察怪談

私が怪談を紹介する際は、怪異とその周辺についてある程度纏った形に収めたものを披露する機会も多い。無論、そこには明確なパンチラインが必須であるという訳ではない。怪異そのものの特異性を紹介することもあれば、怪異の背景や解釈について、点と点を繋ぐ怖さや面白さを楽しんでもらう場合もある。そして怪談の場合は稀に「点と点が繋がらない」ということが恐怖の要素として滲み上がるケースがあるというのも興味深い。人が恐怖を感じる根源には一体何があるのか。それを未だ私も追い求める者の一人である。

私が怪異体験を聞く時は、まず体験者の体験した事実を掘り下げるのはもちろん、（可能な限り）点と点を、どう繋ぐかを仮説を組み立てながら注意深くヒアリングし、それらの検証・考察という作業もプロセスに含まれる。

誤解して欲しくないが、体験者の証言を疑う訳ではない。それは体験者本人の個人的な観測事実や、その時の思考や感情を含めた尊重すべき証言である。ここでいう仮説とは、怪異の背景や因果関係などといった可能性のバリエーションであり、検証とはそれらに対する事実との関連や過去事例との比較を踏まえた考察を指している。

ここで注意すべきは、そのプロセスは非常に慎重に行う必要があるということだ。簡単に言うと、聞き手の「手癖」のようなものが邪魔をする場合がある。「怪談としてこうあって欲しい」と思う聞き手の期待が、仮説の幅を狭めてしまい、結果としてその怪異の持つ深淵に至る活路を閉ざしてしまうかも知れない。

観察に基づく帰納的なアプローチと柔軟な仮説立案をバランス感覚を保ちながら活用し、観測事実（怪異）を考察するというプロセスは、想像力に広がりをもたらす有効な指針だと私は考えている。さらに言うと、私にとって怪談蒐集における考察は、科学哲学的な立証（または確からしさの可能性のみを追求すること）が目的という訳ではなく、そうした仮説・検証というプロセスの中で浮かび上がる人間の心の豊かさや、恐怖という感情・感性の奥深さを純粋に楽しみたいという好奇心によるものであり、そこに私の「怪談愛」とも言うべき想いがあると言ってもよい。

そしてその先に、ある一定の説得力を維持した可能性を宿す怪異がみえた時、私は怪談に壮大なロマンを感じ、心からそれを楽しんでいるのである。

これから紹介する話は、そうした「怪異を掘り下げる私のアプローチ」自体がもたらした一つの奇妙な怪談である。

そういう意味では、私自身の怪異体験とも言えるだろう。


二〇一九年九月一日。二十二時を過ぎた頃。

私に一本の電話が入った。

相手は友人の松井という男だ。年齢は四十代前半。彼とは数年前に音楽の現場で知り合った友人であるが、普段は病院勤務の医師として仕事をしている。

「あ、もしもし洋平さん（彼は私のことをそう呼ぶ）。今、凄く気持ち悪いことがあったんだけど……」

松井は私が怪談蒐集をしていることを知っているため、何か奇妙なことがあるとすぐに連絡をしてくれる大変有り難い友人である。私は彼に何があったのかを訊いた。

その日、彼は友人と食事に行った帰り、道路脇に停めた車の中でAさんという女性と電話をしていた。Aさんとは最近親しくなった間柄だという。スマートフォンはスピーカーモード（電話を耳に付けずに手を離した状態で通話する機能）にしており、ダッシュボードに置いた状態で通話をしていた。

会話が盛り上がっていたその時。

——ピピピピ。

突然、電話越しに電子音が聞こえた。おそらく何かの呼び出し音だろう。

「どうしたの？」と、松井はAさんに訊いた。

「なんだろう？　私のスマホにビデオ通話の着信が入ってるんだけど」

通話中に、スマートフォンに割り込むようにビデオ通話の着信が入ったと言う。

「急ぎの相手ならそっち（ビデオ通話）に出ていいよ」と、松井は言った。

「いや、でも知らない番号だから出ないよ」

「知らない番号って、何番？」

「番号？　ちょっと待って……」

おそらく彼女は表示された番号を確認しているのだろう。

「番号は、〇九〇-××××-××××」

――え？　それ……。

松井は驚いた。

「ちょっと待って、それ俺の電話番号なんだけど」

電話中に自分から相手にビデオ通話が発信されている――そんなことが起こるだろうか。松井はスピーカーモードで通話をしていたためスマートフォンには触れておらず、誤操作でビデオ通話を発信してしまった可能性は無い。

嫌な予感がした。

「え？　っていうか俺の番号、スマホに登録してるでしょ？」

「うん、『松井さん』で登録してるよ」

「じゃあ俺からビデオ通話を発信したら、画面には電話番号じゃなくて『松井さん』っていう文字が表示されるはずだよね？」

登録済みの番号から着信があった場合は、電話番号ではなく登録した名前が表示されるはずだ。それはビデオ通話アプリでも同様である。

――気味が悪い。

いつの間にか着信音は切れていた。

松井が戸惑っていると、Aさんがぼそりと言った。

「これって、さっきのビデオ通話にリダイヤル（掛け直し）したら、松井くんに繋がるのかな？」

「気持ち悪いからやめろよ」と松井は拒んだが、Aさんは好奇心からリダイヤルを試みたようだ。

——ピピピピ。

松井のスマートフォンから着信音が鳴る。Aさんからビデオ通話の着信が入った。

そこには発信元として、電話番号ではなく「松井が登録したAさんの名前」が表示されている。

——よかった。こっちは正常に動作している。

松井は安堵してスマートフォンを手に取り、「応答」ボタンを押して通話に出た。

画面が「通話中」に切り替わる。

ビデオ通話なので、画面には相手の顔が表示される——はずだった。

「……？」

松井のスマートフォン画面に映し出されたのは、Aさんの顔ではなかった。

そこは暗い夜の風景。

黒い粒子がざらざらと闇に敷き詰められたような不穏な映像。

赤い二つの光が交互に点滅している。

それは踏切の映像だった。

闇の中に警報灯の赤い光がちかちかと滲む——。

交互に点滅する赤い光は、ちょうど遮断機が降りていることを示していた。


「今、外にいる？」

松井は訊いた。

「いや、部屋の中にいるけど……」

映像は不可解だが音声の通話はできている。

「Aさんのビデオ通話の画面、何が映ってる？」

「よくわからないけど、真っ暗だよ……」

松井は怖くなり、ビデオ通話を切った。


「洋平さん、これってなんだと思う？　俺、凄く怖いんだけど……」

松井はその直後、私に電話をくれたのだった。

もしこれが怪異なのだとしたら、どのような可能性があるだろうか。私は、過去に蒐集してきた怪談事例と直感を頼りに、二つの仮説を思い付いた。

一つは、松井がいる「場所」に何か怪異の原因があるということ。

二つ目は、「松井とAさんの関係性」に何かがあるということ。

私はまず場所について彼に尋ねた。

「松井君、今どこにいる？」

「高円寺から青梅街道に出る交差点の所だけど」

——なんとなく想定していた予測のとおりだった。

そこは中央線沿線。踏切の映像から連想するのは、やはり人身事故である。不慮の事故で亡くなった方による霊現象という怪談は非常に多い。その近辺で電車による事故はあっただろうか。

取り急ぎインターネットで検索してみたが、すぐには見つからない。私は後日調査へ行くため、一旦その住所をメモに控えた。

次に二つ目の可能性である松井とAさんの関係性について尋ねた（松井とは親しい間柄であり、私はやや立ち入ったことも含めて彼にヒアリングすることができた）。

松井とそのAさんは、交際を明言している訳ではないが、最近よく食事や呑みに行くことが多いという。Aさんの方は松井に好意があるらしく、松井も交際を考えているとのこと。しかし、まだ付き合いも浅く、いわゆる様子をみている段階かと思われた。

「ちなみにAさんが執拗に松井君に付き纏ったり、ストーカーみたいに執着していることはない？」

生き霊に纏わる怪談も多くの事例がある。Aさんの強い情念が「生き霊」となって松井に憑いており、怪異が起きたという仮説を考えてみた。

「ストーカーにはなってないよ。相手もまだ様子を見てるんじゃないかな」

松井の話を聞く限り、その線でもなさそうだ。

高円寺は中央線沿線であり、踏切の映像が映ったということは、やはり場所に関わる怪異なのだろうか。それとも、点と点が繋がらない偶発的な怪異ということだろうか。

思考を巡らせている中で、ふと私はもう一つの仮説を思いついた。

――松井とAさんの関係を快く思わない第三者の存在。

その何者かが、二人の間を邪魔するように現れたと考えてみてはどうだろうか。


「松井君、もしかして今、別の女性とも二股掛けて遊んでたりする?」

それは無いと松井は答えた。

「前に付き合ってた女性と別れた後に問題とか起こしてない?」

「付き合ってた女性? 引き摺ってるような問題は無いと思うけど……」

松井はしばらく間を置いた後、「あ、そういえば」と声を張った。

「あまり言いたくないんだけど、十年前に結婚しようとした人がいてね。結局別れることになっちゃったんだけど、それが本当に大変で――」

松井が三十歳の時、Nさんという婚約者がいたという。

彼女は当時松井が勤務していた病院の同僚の医師。地元はK県で、大病院の院長の一人娘だった。相当裕福な家庭に生まれ育ち、家庭環境にも問題はなさそうだったのだが、感情の起伏が激しく喧嘩をすると宥《なだ》めるのに苦労したと松井は言う。

ある日、口論になった末に彼女が突然逆上し、松井に暴力を振るい始めた。松井は急いで逃げ、車に駆け込んだそうだが、彼女はバットを持って追いかけて来て、車を外から激しく殴り始めたという。それは松井に対する怒りではなく、松井を偏愛するあまり、自分の理想と異なる状況が発生した場合に、それに対する不満が抑え切れない怒りとなって爆発してしまうヒステリー症状だった。

そんなことが続いたこともあり、結局松井はNさんと別れることになった。

しかしその後、Nさんは松井のストーカーのようになり、執拗に付き纏い始めた。家の前で待ち伏せされ、復縁を迫る。脅迫めいた言い方とその執拗さに松井は怖くなり引っ越しをしたが、なぜかすぐに住所を突き止められた。

それ程までにNさんは、松井に未練があったのだろう。

「さっきの怪現象は、もしかしたらそのNさんの生き霊なのかも」

私は松井に言った。

「洋平さん怖いこと言わないでよ」と、電話の向こうで松井は嫌がっている。

「松井君がAさんと仲良くしているのが許せないんじゃないかな」

私は霊媒師でもなく霊感もない。あくまで怪談としての仮説を述べているだけであるが、突然松井が「ちょっと待って……」と声色を変えた。

「これ、偶然だと思うけど……」

松井が先ほど電話していたAさんは、Nさんと同じK県出身。

「今気付いたんだけど、Aさんと元婚約者って――同じ高校で、同じ麻酔科なんだよ」

「Aさんと元婚約者は知り合いなの？」

「いや、世代も離れてるからそれは無いと思う」

すべてを霊現象に結びつけるのは良くないが、奇妙な偶然である。

「ちなみにその元婚約者は今何してるの？」

「彼女、俺と別れてからちょっと精神的におかしくなっちゃって――。別れた三年後に仕事も辞めたんだよ。地元に帰って養生するって言ってたみたいだけど」

「別れた後に連絡したりした？」

「いや、連絡はしてないよ。当時の同僚から聞いたんだけど、音信不通になったみたいなんだよね。誰とも連絡が繋がらなくなっちゃって。精神科の病院にでも入ったのかも知れない」

松井はそこまで話すと、少しの間を置いて心配そうに言った。

「あいつ生きてるのかな……」

その時、私は弾かれたように呟いた。

「ちょっと待って。松井君がさっきビデオ通話で見た映像って」


——踏切。


「おい、やめろ！　怖い怖い！」

松井は声を荒げた。

「いや、でも亡くなった人が最後に見た光景を誰かに伝えたいという想いはあってもおかしくないんじゃないかな。その元婚約者は亡くなっていないかも知れないけど、死を考えた時に会いたい人に情念が伝わるという怪談は存在するよ」

「……そういうことなのかな」

私の仮説は、あくまでこの現象を怪談と仮定した場合の考察であり、証明することは難しい。松井もかなり怖がっているので話をこの辺で切り上げることにした。

ただ、私は彼にどうしても試して欲しいことがあった。

「この電話を切ったら、Aさんにビデオ通話を掛けてみてくれないかな？　相手のスマホにもう一度松井君の『電話番号だけ』が表示されていたら、それはきっと機械的なトラブルで松井君の電話番号登録が削除されただけだと思うから」

「わかった」と松井は言い、我々は電話を切った。


三分後。

すぐに松井から電話があった。

「今もう一度ビデオ通話を掛けたんだけど『松井さん』がちゃんと表示されたみたい。これ、機械トラブルとかじゃないよ」

彼の名前がAさんのスマートフォンから「消えてしまった」のは、最初のビデオ通話の時だけということになる。

「これ、もしかしたら本当に元婚約者は亡くなったのかも……」

松井は高校二年の時に祖父を亡くしているが、祖父の臨終の瞬間、彼は言葉では表現できない特殊な感覚を感じ、それがわかったのだと云う。

「実はさっきビデオ通話で踏切の映像を見た時、それと同じ感覚があったんだよ。さすがに元婚約者の実家に電話して死んだかどうか確認はできないけど、もしかしたら本当に彼女、死んだのかも知れない……」

松井はそう言って、電話を切った。

話はこれで終わらない。

一時間後。松井からメールが届いた。

『N（元婚約者）のSNSのアカウントが完全に削除されてる』

文面から彼の動揺が伝わってくる。そしてさらにまた一通——。

『当時の麻酔科の同僚に訊いてもNのアカウントがいっさい出てこない。亡くなった人のアカウントって消されるのかな?』

私は返信メールを打とうとした。

『亡くなった人のアカウントを自動削除する機能は無いと思う。家族や友人が申請すればアカウントを消せ□□□□□□□□□□□』

その時、唐突に私のスマートフォンのメールが誤作動を起こした。

突然、訳のわからない文字列が勝手に打ち込まれ始めたのだ。

私はすぐにスマートフォンを再起動した（急いでこの怪異を松井に伝えようとしたからなのだが、怪談蒐集をする身として、この時の画像をスクリーンショットで保存しなかったことを私は一生悔やむだろう）。

再起動後、『家族がアカウントを消したのかも知れない』とメールを打つと、松井から『もう止めよう』と返信があった。


そして最後に起きた異変は、この一分後のこと。

松井から再度メールが入った。

『洋平さん！　マジやばい。なんか助けて』

その後、彼のスマートフォン画面のスクリーンショットが何枚か送られてきた。

どれもアプリのアイコンが並ぶ一見普通のスマートフォン画面である。

何を意味しているのか最初はわからなかった。

私はすぐに返信をした。

響『どうしたの？』

　松井『ほら、画面見てよ！』

　松井『俺のスマートフォンからＳＮＳのアプリが全部消えてる！』

先ほど松井が元婚約者のアカウントを検索するために使用したＳＮＳアプリが、

——たった今、彼のスマートフォンからすべて消えたのだ。

響『これ、本気で凄い！』

　松井『無いんだよ！』

響『今消えたの？』

　松井『そうだよ！　今消えた』

　松井『ありえない……。これやばいって』

響『凄い』

　松井『マジだよ』

　松井『スクショの時間見てみなよ！　今だよ！』

響『もう関わるなっていう意思があるのかも』

松井『これ封印しよう』

私は今、怪異の現場に直面している。

妙な興奮を抑え切れないまま、私は松井とメールのやり取りをしていた。

一つ一つの事象は、機械的な不具合や感情の一時的な起伏による思い込みなのかも知れない。しかし、私が三つ目の仮説「松井とAさんの関係を快く思わない第三者」について掘り下げようとした途端、奇妙な符合や点と点が繋がり、怪談としての考察が加速したように思える。

そしてそのタイミングで更なる不可解な異変が続けて起きたのである。

この話には、おぞましい幽霊も、人が呪い殺されるような事件も登場していない。

しかし、人の思考・感覚・感情と、こうした奇妙な事実のタイミングが連鎖し、双方の関わりを示すかのように次々と現れる怪異というものは、体験した身としても非常に恐ろしく、興味が尽きない。

そしてそれらも怪談の重要な要素であると私は考える。

もしかするとそれらは、私が追い求める怪異の本質であり、深淵に横たわる「怪異と呼ばれる何か」の片鱗なのかも知れない。

香水

「次にまた部屋であの匂いがしたら――私、きっと発狂します」

そう言うと、佳奈さんは厭《いや》そうな顔をした。

彼女は二十代後半の女性で、地元は栃木県。仕事の都合で東京都内に引っ越して来て三年になるが、数ヶ月前に部屋で奇妙な異変が起き始めたと云う。


それは年明けのまだ寒い時期のことだった。

夜仕事を終えて家に帰ってくると、佳奈さんはまずパソコンの電源を入れる。都心に近いマンションのワンルームで気儘な一人暮らし。家に帰ると一息ついて動画サイトを観るのが習慣になっているそうだ。

その日も家に帰ると着替えを済ませ、机に置いたパソコンの前に座った。

その時。

突然、強い香水の香りがふっと漂い始めた。

自分が持っている香水ではない。

――ただ、どこか憶えのある匂いのような気もする。

「どこからだろう……」

佳奈さんは匂いの元が何処にあるのか探ろうと思い、顔をパソコンの画面から離した。すると、香水の香りが嘘のように消えてしまった。

訝しく思った佳奈さんが、再度パソコンに顔を近づけると再び香水の匂いがする。

通常、匂いというものは発生源があり、そこから遠ざかるに連れて徐々に弱まるものであるが、その香水の匂いはなぜかパソコンに顔を近づけた時にだけ瞬時に発生する。

しかもそれは、密室で濃度の高い御香を焚いたような香りで、吐き気を催すほど強かった。

不可解に思いながらもパソコンから離れると匂いは消えるため、その日はそれ以上気になることはなかったという。

その日を境に、ほぼ毎日その現象が起き始めた。

パソコンの前に座る時にだけ、強い香水の匂いがする。日常的にパソコンを使っているため、決して気分が良いものではない。デスクトップ型のパソコンであったため、気軽に動かすこともできない。

佳奈さんはあることに気付いた。

日を追うごとに、その香りに伴う何者かの存在感のような気配が強まっている。まるでパソコン画面の前にぬっと誰かの顔が現れて、自分の顔を間近で覗き込んでいるような嫌な気配だった。御香のような臭いに混じって、人の息吹のような生暖かく淀んだ空気が漂っている。


そしてある日の夜。

その臭いが現れた際、彼女は思い切って「お願い。離れて」と声を掛けてみた。

その途端――。

ふっと溜め息のような空気の揺らぎを感じ、その異臭が消えた。

そして次の瞬間、フラッシュバックするように、ある光景が脳裏に蘇った。

「あの人形だ……」


それは栃木の実家にある和室。

古い木造家屋の座敷には、小さな床の間があった。

そこには、五十センチ程の日本人形が置いてある。

その人形は妙に汚れており、着物は綻びていて、決して綺麗な状態ではなかった。今考えると床の間にわざわざ飾るほどの人形ではない。

部屋に現れるあの香水の臭いは——間違いなくその人形と同じ臭いだった。


「どうしてあの人形の臭いがするんだろう」

自分の記憶からも薄れているほど昔の人形が、なぜ今になって「臭い」として部屋に現れるのだろうか。

人形には魂が宿るという話を聞いたことがある。

和室にあった人形を粗末に扱った記憶は無いが、もしかするとそれは自分が忘れているだけで、何かの恨みを買ってその人形が私の所まで来てしまったのかも知れない。

佳奈さんは、少しぞっとした。

彼女はどうしてもその人形のことが気になり、すぐさま実家へ電話をしたと云う。

夜遅い時間だったが、母親が電話に出た。

「もしもし、お母さん。床の間にあった人形って、今どうなってる?」

佳奈さんが慌てて捲し立てたため、母親は最初、娘が何を言っているのかよくわからなかったようだ。

何度か会話を繰り返し、母親はやっと娘の話を理解した。

そして、母親は淡々と答えた。


——そんな人形、うちには無いわよ。


今も昔も、そんな日本人形を家で見たことはない——。母親はそう言った。

その日を境に、香水の臭いが現れることは無くなったと云う。

しかし、佳奈さんはいつまたその匂いが現れるかと思うと、恐ろしくてパソコンに近付くことができないそうだ。

あの人形は、一体どこで見たものなのだろうか。

いや、あれは――本当に人形だったのだろうか。

最後に一つ、私はあることが気になって彼女に質問をした。

「佳奈さんの家に、テレビは置いてます?」

すると彼女はこう答えた。

「私、テレビ持ってないんです。毎日パソコンの動画サイトばかり見ているので――」

やっぱりそうですか。と、私は納得した。

傷痕

都内某所のクラブで、知人のＤＪが紹介してくれた直美さんという女性がいる。

年齢は二十代後半。小柄でショートカットの可愛らしい容姿だが、ひとたびテキーラを飲みだすと何杯でも飲み続ける酒豪で、朝まで踊り続ける豪快な女性である。

そんな直美さんが、現在も住んでいる実家で起きたという怪異譚を聞かせてくれた。


直美さんの実家は東京の郊外。

木造二階建ての民家に、両親と直美さん三人で暮らしている。

実家は築三十年以上の古い一戸建て。一階には食卓と居間の他に応接室と和室、二階には小さな部屋が二つ在った。直美さんは階段を上がった手前の部屋を自室として使っており、廊下の奥の部屋は空き部屋になっている。

「家族はみんな知っているんですけど、二階の奥の空き部屋には幽霊がいるんです」

直美さんの家族は皆、霊感のようなものを持っていると云う。普通の人には見えない何者かの気配や姿を家族だけが目にしてしまう時があるそうだ。

中でも一番霊感が強いのは母親だった。

「あの部屋に入ってはいけないよ。何かが見えても絶対に無視しなさい」

母親は二階の奥の部屋を見るたびに口癖のようにそう言っていた。

直美さんが中学に入り、二階にある手前の部屋を自室として使い始めた頃のこと。

ある日の夕方。階段を上がり自分の部屋に入ろうとした時、廊下の奥からカタンと音がした。ギギギ……と、扉の軋む音がする。

「誰？」

彼女が立ち止まり廊下の先を見ると、奥の部屋の扉が廊下に向かって開いていた。

薄暗い部屋の中が見える。

「誰か、いるの？」

その時、母親の忠告を思い出した。

——何かが見えても絶対に無視しなさい。

部屋の闇の中から白い腕がにゅっと飛び出してきて、廊下の壁をぺたりと叩いた。

痩せ細った子どもの腕。それは今でもはっきりと憶えている。

壁に爪を立てる小さな手は、手の甲に骨と腱が透けて見えるほど痩せていた。

「私、その時に奥の部屋には本当に何かがいることを確信したんです」

直美さんはそう言うと話を続ける。


彼女が高校生の頃――。

とても奇妙な夢を見たと云う。

そこは薄暗い部屋の中。

彼女は布団の中で仰向けに寝かされていた。

板張りの天井が見える。その木目が不気味に捻じ曲がった波のようにうねっていて、深い河の底のように重苦しい空気が沈殿していた。

「お前さえいなければいいんだよ!」

突然、闇を切り裂く怒号が部屋中に響いた。

ずしりと体の上に衝撃が圧し掛かる。

腹部が凄まじい勢いで圧迫され、内臓が破裂するような激痛と、体内で押し潰された臓物が気管から一気に迸《ほとばし》るような痛みが全身を貫く。彼女は思わず目を見開いた。

黒い人影が自分の上に馬乗りになっている。

顔も服装も判別できない。全身が漆黒の影となった異様な姿。それはぐねぐねと左右に激しく暴れ回り、全力で自分を圧し潰そうと蠢《うごめ》いていた。

——助けて。

声を出すこともできない。彼女は必死に抗った。

黒い人影は右手を大きく振り上げ、瞬時にそれを振り下ろす。

その手には鋭利な刃物が握られている。

彼女は反射的に両手を前に出し、咄嗟に身を守ろうとした。

掌にずぶりと重い衝撃が走る。

目の前に突き出した手の甲から、冷たく光る刃が下に向かって生えていた。

おそらく絶叫していたのだろう。喉が焼けたように痛い。

黒い人影は暴れ狂いながら、何度も何度も刃物を振り下ろす。必死で抵抗する彼女の両手に次々と激痛が走り、ぼたぼたと顔に温かい液体が零れ落ちた。

どすりと右肩に刃物が突き刺さる。その衝撃に上半身が波打った。

首筋から熱い血液が一気に拡散してゆく――。

そこが二階の奥の部屋であることに気付いたのは、痛みに気を失いかけた時だった。

「うわっ！」

全身に大量の汗をかいて、直美さんは弾かれたように飛び起きた。

心臓が凄まじい勢いで早鐘を打っている。頭が朦朧として自分が今どこにいるのか、しばらくの間わからなかった。呼吸を整えながら、直美さんは自分が夢を見ていたことに気が付いた。

自分の部屋のベッドに寝ている。

むくりと上半身を起こすと、まだ自分の体は震えていた。

起きて明かりを点けようと布団から両手を出したその時、彼女は気付いた。

彼女の両手には、

――真っ赤な鮮血がべったりと付着していた。

「私、もう本当に怖くて……。すぐに洗面所で洗ったんだよね」

直美さんは顔をしかめながら言う。

「でも、あれは間違いなく血だったと思う……」

それは彼女にとって、一生のトラウマになるほど恐ろしい出来事だった。

キリスト教（特にカトリック）において「聖痕」と呼ばれる現象がある。

非常に珍しい現象であるが、敬虔なキリスト教信者の手や足または腹部（キリストが十字架にかけられた際に受けたとされる傷と同じ箇所）に突然、傷痕のようなものが自然発生的に浮き上がる身体現象のことをいう。

記録に残る最初の著名な聖痕は十三世紀のイタリアで起きた。聖フランチェスコというカトリック修道士が、アルヴェルナという山で神秘体験を享受し、その後、掌と腹部および足に傷痕が現れたというものだ。近年だと、一九二六年に南ドイツのテレーゼ・ノイマンというカトリックの修道女の、顔や掌、足や腹部に聖痕が現れたという事例がある。また、イタリアでも二十世紀初頭にピオという神父の聖痕現象が記録されている。これらのケースにおいて興味深いのは、両者とも聖痕から多量の出血が発生したことが観測されていることだ。

近代における聖痕現象については、研究者による調査もしばしば行われている。無論、安易に超常現象や心霊現象とは捉えず、懐疑的な意見を持つ人も多い。

一つには、自己暗示による自傷行為という説。強力な暗示作用により痛覚を失った状態で自傷行為を行い、体験者本人もそれを認識しておらず傷痕が自然発生したと誤認しているという可能性である。

もう一つは、強い苦痛を伴うイメージ（この場合、キリストの受難）に対し自己を同一化させることでもたらされた精神状態が、何らかの作用により身体現象として発症したという説である。心身相関は医学的に解明されているところもあるが、人の思い込みが出血を伴う外傷までもたらすというケースは非常に珍しい。

話を直美さんの体験談に戻すが、この場合も現象として「聖痕」との類似性に言及することができる。彼女の場合、強い信仰心による神秘体験ではないが、悪夢を見た後に大量の鮮血で両手が濡れていたというものだ。

これはやはり、人知を超えた心霊現象なのだろうか――。

怪談としてはそれだけでも充分に恐ろしく興味深い話である。

しかし敢えて、ここで聖痕における懐疑的意見を採用したとしよう。

直美さんの場合、隣の部屋に子どもの霊が存在しているという前提概念があった。その恐怖がある種の強迫観念となって、睡眠中に無意識に自傷行為をしていたという仮説である。

しかし、カトリックの聖痕現象が信仰による恍惚状態から発現するというのに対し、直美さんのケースではむしろ認めたくない忌むべき恐怖が前提概念になっている。出血を伴う程の心身相関がそうした精神状態から発生したとは考え難い。仮に、直美さんは無意識化で霊の存在を肯定しており、何かの拍子にそれを具現化したいという欲求に駆られて自傷行為に走ったとしよう。それは心霊現象ではなく、やはり自傷行為だという言説である。

しかし、――私はそれでも充分に恐ろしい。

人を自傷行為に陥らせるような力の作用とは、どこから来るのだろうか。それは人の脳に外的に作用する力であるとも考えられる。二階の奥の部屋にいる子どもの霊の存在というものがそうした力を及ぼし、直美さんに自傷行為をさせたという現象だと仮定しても、やはりそれは超常現象による怪異譚として非常に恐ろしいケースである。

怪談の捉え方というものは、人の数だけ存在すると言えるだろう。不思議なものを不思議なままに、怖いものを怖いままに畏怖し、畏敬の念を想うことは重要な怪談の文化とも言える。しかし、それをもう少し広い可能性で考察した場合、ある意味では心霊現象の姿が変わってしまうことにもなり兼ねない。しかし、その先には追求すれば追求するほど新たな神秘とロマンが壮大な光景（オカルト・スケープ）となって広がっているのである。

そして最後に、特筆すべき直美さんの証言がある。

その夜、両手を血で濡らした状態で目覚めた後、直美さんはすぐに洗面所へ手を洗いに行った。排水溝に流されてゆく鮮血を見ながら、彼女は自分の両手を入念に確認したそうだ。

しかし彼女の両手には、

——どこにも傷痕は付いていなかったと云う。

峠の灯り

広告代理店に勤務する弘樹さんという男性がいる。彼とは以前、音楽関係の仕事でよく顔を合わせる機会があり、親しく話をする間柄でもあった。年齢は三十代後半。職場では主に映像やウェブ媒体のデザインを担当する有能な人物である。

「響さん、怪談とか好きなんですね。実は俺も昔ヤバイもの見ましたよ」

あるクラブイベントの打ち上げの席で呑んでいた際、彼が奇妙な話をしてくれた。

弘樹さんが小学校高学年の頃。

当時大学生の兄が友達数人で夜中のドライブに行くという話をしていたので、そこに参加させてもらうことになった。

神奈川の実家から車が出発したのは夜の二十二時。

週末の夜だったが、道路は空いており、車は快適に夜の高速道路を走っていた。子どもにとって夜中に外出するというのは特別な冒険心を擽《くすぐ》られる楽しさがある。弘樹さんは後部座席に座り、過ぎ行く高速道路の光を見ながらワクワクと心を踊らせていた。FMラジオの軽快な音楽が耳に心地良い。運転席では兄がハンドルを握り、友人と楽しく会話を広げている。大人の世界に仲間入りしたような高揚感があった。

車は高速を降りると、しばらくの間、国道を突き進む。

そして「Y峠」に向かう山道に入った。辺りに人家はほとんど無く、暗い森に囲まれた道をひたすらに進む。林の木々の間から時折見える麓の街の夜景が美しく輝いて見えた。過ぎ行く森の影がその夜景を掻き消すと、深い闇が周囲を覆う。

車はさらに山の奥へと進んで行った。

「あの灯り、なんだろう?」

突然、助手席にいた兄の友人が正面を指差して言った。弘樹さんがその方向に目をやると、星空の下、遠くに見える山の斜面に沿って、小さな灯りが斜めにぽつぽつと連なっている。

「ほんとだ。神社のお祭りかな?」

「石段に沿ってたくさん灯籠が灯っているみたいだね」

「ちょっと行ってみようよ」

程なくして車はその麓に着いた。

そこは古い神社の入り口だった。

鬱蒼とした林の中に、ぽつんと古い鳥居が建てられている。車を鳥居の傍に停車すると、全員が一旦車を降りた。

夜風がとても涼しく、心地良い。

弘樹さんは鳥居の正面に立つと、長く続く石段を見上げた。確かに、階段に沿って闇の中でちらちらと光るたくさんの灯りが見える。

兄の友人が「俺、ちょっと見てくるから。みんなここで待ってて」と言うと、車に置いてあった懐中電灯を片手に、一人で石段を駆け上がって行った。懐中電灯の灯りが彼の周りをぼんやりと照らし、闇の中を上の方へと上がって行くのが見える。

ちょうど彼が灯籠の並ぶあたりまで辿り着いたと思われた頃――。

突然、闇の先でその懐中電灯の灯りが大きく暴れ始めた。

「あいつ、どうした?」と、兄が呟く。

すると、その光が突然キラリとこちらを向いた。おそらく彼はこちらを振り返ったのだろう。そして懐中電灯の光は激しく上下に揺れながら下ってくる。兄の友人が、転げ落ちるように石段を駆け降りて来た。

その顔は幽霊のように真っ青で恐怖に引きつっている。

「これ――お祭りじゃない」

肩を大きく上下に揺らし、全身で呼吸を整えながら彼はそう言った。

「お前、一体何を見たんだよ……」

兄がそう訊いた。

彼は首を横に振り「とにかくすぐに帰ろう」としか言わない。そして一人で車に乗り込むと座席に縮こまるように座り込んだ。無言のまま震えているようにも見える。ただならぬ彼の異変に、兄たちは凍りついてしまった。

しかし、弘樹さんはなぜか恐怖より好奇心が勝ってしまったようだ。

「僕、見てくる！」

そう言うと、弘樹さんは懐中電灯を手に取り、石段を駆け上がった。

今考えても、どうしてそのような行動を取ったのかわからない。

一人で闇の石段を駆け上がるのは大人でも恐ろしいことだ。しかしその時は、とにかくこの上に何があるのか見てみたいと強く思ったのだという。

石段を駆け上がると、少しずつ灯籠の灯りに近付いてゆく。それは石段の右側にずらりと並んで上の方まで続いていた。その灯りは上下に揺れている。

様子がおかしい。

すべての灯りが、ずれることなく同じ動きをしていた。

よく見るとそれは、灯籠ではなく提灯の灯りだった。

近付くに連れて、闇の中にその輪郭がじわりと浮かび上がってくる。

――この人たち……。誰だ？

それは、石段を上る人たちの行列だった。一列に上の方まで続いている。

全員、頭には托鉢僧のような丸い笠を被り、白い着物と黒い袴を身に着けている。足には藁で編んだ草履を履き、そして右手に提灯を持っていた。ずらりと石段の上へと続くその灯りは、行列の歩みに合わせてゆっくりと上下に揺れている。

麓から見えたのはおそらくこの灯りなのだろう。

「……」

弘樹さんは足を止め、その異様な光景に固唾を飲んだ。その行列は、まるで合わせ鏡に映った人影のようにずらりと並んで、ぴったりと同じ動きをしている。

ザッ……。ザッ……。ザッ……。と、静寂の中に足音だけが漂っていた。

よく見ると、歩き方がおかしい。


左足、右足と交互に石段を上る。

そして一度、両足を横にピタリと揃える。

次に、右足、左足と交互に石段を上る。

そしてまた、両足をピタリと揃える——。


寸分の狂いもなく、全員がまったく同じ動作を繰り返していた。

その奇妙な歩き方が、得も言われぬ異様な雰囲気を漂わせている。

まるで悪夢を見ているかのようだった。

——気持ち悪い……。

弘樹さんは、恐怖と好奇心の入り混じる複雑な感情に包まれていた。

本能では、今すぐ引き返して逃げるべきだとわかっている。しかし、どうしてもその正体を知りたいという欲求が抑え切れない。

——顔を見てやろう。

今にして思うと恐ろしい話だが、当時の弘樹さんはそう思ってしまったのだという。体にぐっと力を入れて、一気に石段を駆け上がった。そして行列の最後尾を追い抜くと弘樹さんはぐるりと振り返り、手に持った懐中電灯をその顔に向けた。

被った笠の下に懐中電灯の光が差し込まれると、その顔がふっと照らし出された。

——これ、顔じゃない！

弘樹さんは凍りつくほどぞっとして、その場に硬直してしまった。

その頭部の肉塊は、肌色ではなく、褐色に近い。

鼻から口へかけての部位が、異様に前に突き出ている。

それは十センチ程の突起物となって顔の中心から生えており、突き出た分だけ口が大きく横に裂けていた。

その顔面を被毛のようなものが覆っている。

奇妙に歪んだ頭部……。

それは、狐の顔だった。

「うわぁあっ！」

弘樹さんは絶叫し、気が付くと転げ落ちるように無我夢中で石段を駆け下りていた。

麓では兄たちが車に乗って待っている。弘樹さんは、開いた後部座席のドアから車内へ滑り込んだ。

「お前も——見たよな？」

先に石段を登った兄の友人が真顔で言った。

「逃げるぞ！」

兄がそう言うとアクセルを踏み、車を急発進させた。唸るようなエンジン音を上げ、一気に車は加速する。弘樹さんが振り返ると、その鳥居が遠ざかって行くのが見えた。

その時、ＦＭラジオの音にブツブツと異音が混じり始めた。

次の瞬間、ザーッというノイズ音がした後、ひゅう……ひゅう……と、耳障りな轟音がスピーカーから鳴り響いた。それは不協和音の混じった雅楽の演奏のようでもあり、何かの呻き声のようにも聞こえたと云う。

車内は騒然となり、車はスピードを上げて元来た山道を戻った。

その異音は、峠を降りるまで続いたそうだ。


私がこの話を聞かせて戴いたのはもう十五年近く前になる。

弘樹さんの生々しい語り口や表情、体験した本人にしかわからない感情の吐露に、私は幻想的な光景を思い浮かべながらも、異界に触れたような恐怖を感じた。

その数年後――。

何かの文献か書物を読んでいた時、私は思わずある記事に目を奪われてしまった。

それは、陰陽道における「反閇《へんばい》」という歩行術に関する記述だった。

平安時代に呪術的体系を展開させた陰陽道において、「反閇」と呼ばれる呪術行為がある。それは一般的に陰陽師が魔除や護身、悪霊を祓うために行われた歩行術であり、「身固め」という祈祷にも用いられる。その歩行術とは、こういうものだ。

右足、左足を交互に前に出して歩み、次に一度、右足を先に前に出ている左足の横へ進めてぴたりと横に揃える。そして、左足、右足を交互に前に出して歩み、再び左足を半歩前に進めてぴたりと両足を揃える。

――これは、弘樹さんがY峠で目撃した行列の歩き方そのものであった。

当然、弘樹さんは反閇など知る由もない。

Y峠にいた物の怪たちの行列は、真夜中に一体何を目的としてその呪詛を行なっていたのだろうか。山に対する何かの儀式なのか、はたまた護身のための魔除か。

人間の呪術者が、異界の者から身を護るために反閇を踏んでいるのならわかるが、異界の者が自ら反閇を踏んでいるというのは真意が読み取れない。

もしかするとそれは、反閇に似た別の呪詛なのだろうか――。

しかし、反閇についてさらに調べると、それが中国道教の「禹歩《うほ》」と呼ばれる歩行術に由来していることがわかる。禹歩に関する記述としてまず名が挙がるのは、晋の時代に書かれた「抱朴子《ほうぼくし》」という書物である。神仙術について書かれた本であり、道教のバイブル的著書であるが、ここに記された「禹歩」と呼ばれる歩行術は、反閇の原型でありその形も酷似している。

ただ、日本の陰陽道における反閇が、魔除や護身を主目的とするのに対し、道教の禹歩は、それに加えて霊薬の入手法や、入山における作法、さらには猛獣を殺す際に行うという目的もあるらしい。

また、これは一説ではあるが、誰かに呪詛を掛けるための儀式において禹歩を用いるという説もある。

Y峠にいた物の怪の行列が何を目的としていたかは不明であるが、こうした呪術作法の背景を踏まえると、何らかの呪術的な行為を集団で執り行っていたと考えることもできる。

以前、私は台湾の旧友からある怪談を聞いた。

それは彼の知人男性Aさんが、台湾の清華大学近くにある山へ登山に行った際、ある白装束の行列を目撃してしまったというものである。その行列が進む登山道の先には、一緒に行った友人がAさんのことを待っていたそうだが、友人は「そんな行列見ていない」という。

その後、Aさんは不慮の事故により大怪我をしてしまうのだが、その時、自分が見た白装束の行列が異界の者であることを確信したそうだ。

この体験談に登場する白装束の行列も、数歩歩いては足を横に揃え、また数歩歩いては足を揃える――という、不気味な歩き方をしていたと云う。

道教が広く信仰されている台湾での怪談と、日本で私の知人が目撃した怪異に類似する点があるというのも非常に興味深い。

Y峠の物の怪たちは、一体そこで何をしていたのだろうか。

虫

大輔さんというクラブイベントの企画をしている男性がいる。

ある時、大輔さんが「響さん、俺も不思議な話があるんです」と、彼自身の体験談を聞かせてくれた。


今からもう十年近く前の話になるが、大輔さんが三十代前半の頃。

父親が病気で他界したと云う。

入院していた病院で亡くなられたのだが、病院側も最善を尽くしており、家族も頻繁にお見舞いに行くことができたため、父親との最期の時間を大切に過ごすことができたことは幸いだった。

父親は亡くなる前に病院のベッドで、

「俺は、生まれ変わったら虫になりたい」

と、よく言っていたそうだ。

父親は昔から昆虫が大好きであり、数多くの昆虫標本をコレクションしていた。昆虫については博識であり、大輔さんも小さい頃によく父親から昆虫の話を聞かせてもらったことが想い出に残っていると云う。


家族が看取る中、病院で父親は静かに息を引き取った。

通夜と葬儀が無事に終わり、またいつもの日常が過ぎてゆく。

四十九日の法要にて納骨式が行われた時のこと——。

新緑に囲まれた墓地の中で、大輔さん家族は墓石の前に並び、住職の読経と共に手を合わせていた。家族だけの静かな時間。若葉の匂いと日差しがとても清々しく、心が洗われるようだった。

読経が終わり、家族で順番に線香をあげている時、大輔さんはふと後ろにある木に目を遣った。

——木の枝に、小さな尺取虫がいた。

それは小さな体をくねくねと動かして、木の枝の上をゆっくりと動いている。

大輔さんは、虫をこよなく愛していた父親のことを思い出し、心がふっと温まるような感覚を覚えた。小さな体で木の枝を登り、精一杯生きている尺取虫がとても愛おしく思えた。

大輔さんは、尺取虫に向かって小さく手を振った。

すると、尺取虫はひょこっと頭を持ち上げ、大輔さんの手の動きに合わせて首を振り始めた。まるで、こちらに向かって挨拶をしているようで、とても可愛らしい。

大輔さんは思わずスマートフォンを取り出すと、その虫の動画を撮影したそうだ。

尺取虫は大輔さんに手を振り返すように頭をひょこひょこと動かしている。普段は気にも留めないような小さな虫の命が、こんなにも愛おしいと感じたのは初めてだった。

大輔さんが尺取虫に手を振っていると、隣にいた祖母がこちらを向いた。

「あ、お父さんが挨拶に来てくれているね」

祖母は優しく微笑むと、大輔さんを見てそう言った。

祖母がゆっくりと尺取虫に手を振ると、尺取虫はさらに嬉しそうに頭を動かして愛嬌のある動きをしている。

「お父さん、願いが叶って虫に生まれ変われたんだね」

家族は静かに手を合わせた。


「響さん、俺の父親は虫に生まれ変わって挨拶に来てくれたんです」

大輔さんは笑顔でそう話してくれた。

尺取虫の不思議な動きは、もしかしたら些細な偶然の巡り合わせなのかも知れない。ただ、そこに亡き父を想い、家族で優しい気持ちを抱いたまま、父親の供養をすることができたことは、とても素晴らしいことだ。その奇妙な尺取虫の動きを、ただの偶然だと切り捨てることは簡単である。ただ、そうした小さな出来事を不思議なままに受け入れ、亡き人を偲ぶということも、怪談だからこそ伝えることのできる物語の魅力であり、人の心の豊かさだと私は思う。


「大輔さん、この話とても大好きです。もしかしたら尺取虫の動きは偶然だという人もいるかも知れませんが、お父さんが挨拶に来られたと考える方が素敵ですよね。私は、そう信じます」

私は胸が熱くなるのを感じながらそう言った。

すると大輔さんは、にこりと微笑みながら言葉を続けた。

「いや、響さん。尺取虫が手を振るように動いたのは偶然だと思いますよね？　これ偶然じゃなくて、本当にお父さんだったと思うんですよ」

納骨式の後、家に帰ってスマートフォンの動画を確認したそうだ。

そこには木の枝だけが撮影されていて、尺取虫は映っていなかったと云う。

塊

「一度見てしまうと、もう後戻りできないんですよね。何かが開いちゃうっていうか」

東京品川区某所でバーのマスターをしている中村さんという男性は、首を傾げながらそう言った。そこは以前私が住んでいた家の近くに在り、深夜まで開いている店なのでよく呑みに行っていた場所である。

「あれも幽霊っていうものなのかな？　いまだによくわからないんです」

或る夜、そこで中村さんと話をしていると奇妙な怪異体験を聞かせてくれた。


中村さんが二十歳の頃。

当時よく遊んでいた仲間内十人ほどで、千葉県T川の河川敷へキャンプに行く機会があった。そこは大きな川の傍にある平地で、芝生のエリアが一帯に広がるキャンプ場。

　正午に現地に着いて、さっそく中村さんたちはテントを張り、バーベキューの準備を始めた。心地良い自然の中、気心の知れた仲間と談笑しながら過ごす休日。オフシーズンだったせいか、他に来ている人はほとんどいない。

「おい、中村」

　突然、友人のN君という男性が呟いた。

「あそこの草叢《くさむら》、近付かない方がいいよ」

　N君は十メートル程先にある草叢を指差している。

　そこには、腰の高さ程までに生い茂った草藪があった。

「何かあるの？」

「いや、とにかく近付いちゃダメなんだよ」

「どうして？」

「何て言うか——気持ち悪い感じがするから」

　理由を訊いてもはっきりしない。

　N君には、以前から少し変わった所があった。

　皆で一緒に遊んでいる時も、たまに挙動がおかしくなる時がある。

「あいつには霊感があるから」と、周りの友人に言われたこともあったが、中村さんは霊の類は信じていなかった。誰しも変わった所くらいはある。N君とは良い友達であり、中村さんは特に気にすることもなく彼と付き合っていた。

「わかった。じゃあ近寄らないようにするよ」

中村さんはそう答えると、キャンプの準備を続けた。

その日の夜。

食事を終えた後、中村さんたちはテントの傍の広い河川敷で、花火を楽しんでいた。二十歳という若さゆえなのか、呑んでいたからなのか、妙に高いテンションで中村さんたちは盛り上がっていた。周りに人もいないため、騒ぎ放題である。

「おい、ロケット花火で打ち合いしようぜ」

友人の一人が言い出した。

「危ないからやめろよ」

中村さんはそう言ったが、制する間もなく、ひゅう――と、ロケット花火の音が鳴り響き、火花の閃光が放たれた。白煙と共にロケット花火がこちらに向かって飛んできて、中村さんの足下に刺さるように落下した。

「やめろよ！」

中村さんは声を張ったが、花火を打った友人はけらけらと笑っている。

そしてまた、二発目のロケット花火が放たれた。

「いい加減にしろ！」

中村さんは、小走りでその場を離れた。

そして、少し離れた所にある草叢に身を隠すと、かがみ込んで草葉の隙間からその友人の姿を確認した。

悪い奴ではないのだが、少し調子に乗りすぎる癖がある。その友人は笑っていたが、それ以上ロケット花火を打ってくる様子はなかった。

その時――。

中村さんは、背後に妙な違和感を覚えた。

ぶぅん……ぶぅん……ぶぅん……。

と、微かだが一定の周期で空気が揺らめく音がする。

「この草叢……」

そこは昼間、N君が近付くなと言っていた場所だった。

背後では、カサカサと草葉に何かが触れるような音がしている。

そして相変わらず一定の周期で、ぶぅん……ぶぅん……ぶぅん……と奇妙な音が続いていた。

――見ちゃいけない。

中村さんはなぜかそう思ったという。霊の類は信じていない。ただ、本能的に見てはいけない「何か」がそこにいるという確信のようなものがあった。背筋にぞっとするような冷たい感覚が走り、全身に鳥肌が立っている。次の瞬間、背後の気配がぐっと近付いてきた。

中村さんは、思わず後ろを振り返ってしまった。


「そこにね、黒い塊のようなものがぐるぐると凄いスピードで回ってたんですよ」

「回転していたんですか？」

「いや、円を描くようにぐるぐると回っているんです。直径で言うと一・五メートルくらいの円かな？　地面の上をとにかく凄い速さで回っていたんです」

中村さんは、水平に円を描くように指をくるくると回しながら私に説明してくれた。

「ラグビーボール程の大きさだったかな。黒い毛が生えた塊のようなものでした。とにかくめちゃくちゃ怖かったんですよ。こんなもの見たことなかったですから……」

その時、中村さんは恐怖のあまり絶句して立ち上がり、ゆっくりと後ずさりを始めたという。振り返って逃げると襲われそうな気がしたそうだ。

「おい、誰か来てくれ！」

中村さんが叫ぶと、友人がこちらに集まってきた。

「うわっ！　何これ？」

「気持ち悪い……」

皆が口々に声を発した。そこにいた全員が、それを見ている。

黒い塊は、ぶぅん……ぶぅん……と微かな音を立てながら回り続けていた。

見ているものが一体何なのか理解することができず、皆そこに凍りついてしまった。

すると――。

「やっぱりいた……」

後ろにいたN君が、前に歩み寄ってきて呟いた。

全員がN君の方を見る。

「だからこっちに来ちゃいけないって言ったんだよ」

N君は冷静にそう言うと、回転する黒い塊の方へと近付いてゆく。

「おい……。この黒いやつ、何か知ってるのか？」

友人の一人が震える声で訊いた。しかし、N君はそれには答えない。

彼は回転する黒い塊の傍に立つと、ゆっくりと右脚を上げた。

次の瞬間。N君は右脚を振り下ろし、ドスッとその黒い塊を踏み付けた。

――びしゃっ！

水の入った風船を踏み付けた時のような鈍い破裂音がして、黒い塊が潰れた。

全員が固唾《かたず》を飲んでその様子を見ている。

N君の踏み付けた右足の下には、微かに黒い埃のようなものが舞っていた。

しかし、彼が右足を上げると、そこにはもう何も無かった。

「とにかく今日見たものは、すぐに忘れた方がいい」

N君はそう言うと、さっそうとテントの方へと戻って行った。

なぜかその時の彼の背中が、とても頼もしく思えたという。

「響さん、でも俺、それ以来その黒い塊を見るようになったんです……」

マスターは少し厭そうな顔をしてそう言った。

T川の河川敷で黒い塊を見てから一年ほどした後――。

夕方に買い物をしようと近所の商店街を歩いている時だったという。

突然、黒い塊が道路の上を横切るように現れた。

最初は猫かと思ったそうだ。しかし、それに手足はなく、ラグビーボール程の大きさの黒くて丸い物体が、スーッと凄い速さで一直線に動いている。

中村さんは思わず足を止めてしまった。

しかし、周囲の人はそれを気にも留めず平然と歩いている。

その塊は、道路を横切ると建物の間の狭い隙間にすっぽりと入っていった。

「もしかして……」

中村さんは恐る恐る、その塊が消えていった建物の隙間を覗き込んだ。

一メートル程の狭い隙間の中。そこには、埃まみれの室外機や雨水管が詰め込まれている。その汚れたコンクリートの地面に、黒い塊がいた。

――それは、間違いなくT川の河川敷で見たあの黒い塊だった。

ぶるぶると小刻みに蠢いている。

肉の塊のようにも見えるが、黒い煙に覆われたように輪郭がぼやけて見えた。

無論、目の錯覚などではない。

中村さんは恐ろしくなり、逃げるようにその場を離れたと云う。


「二、三年に一度くらいの頻度なんですけどね。街を歩いている時や、一度なんかは家の中でも、その黒い塊を見ちゃうんですよ」

「動いているんですか？」と、私は訊いた。

「最初に河川敷で見た時のような動きはしてないんですが、大体は凄い速さで動いてます。何て言うか、風船に空気を入れて放した時みたいに、暴走したような動きをしているんですよね。それが気持ち悪くて……」

黒い塊のような球体を見たという体験談は、私もいくつか聞いたことがある。

しかし、ここまで具体的にそれを観察したという証言は珍しい。

中村さんの話を聞いている時、私はふと、以前クラブに遊びに来ていたある女性から奇妙な証言を聞いたことを思い出した。

「響さん、私もよく幽霊を見ることがあるんです。大抵の場合は慣れているんで気になるようなことは特に無いんですけど、ただ一つだけはっきりわかっていることがあって。——一番怖いのは、人の形をしていないモノなんです」

理由は不明だが、人の原型をとどめていないような異形に対しては、強烈な恐怖を感じると云う。そこには殺気や怨念といった人の感情というレベルのものではなく、むしろそれを凌駕する「純粋悪」のようなものを感じると彼女は語ってくれた。

中村さんが目撃した黒い塊は、そうした類のモノなのだろうか。

「ちなみに、T川の河川敷で黒い塊を踏み潰したN君って、その後どうなりました？」

私は気になっていたことを質問した。中村さんが言うには、その後N君とは疎遠になったらしく、今どうしているかはわからないそうだ。

「ただ響さん、その黒い塊なんですけど、見るたびに輪郭がはっきりと見えるようになっている気がするんです」

——一度見てしまうと、もう後戻りできないんですよね。

中村さんはそう言うと、神妙な面持ちで煙草に火をつけた。

隅にいる女

そのクラブで私はＤＪを終えると、バーカウンターの端でビールを飲んでいた。

隣にいた女性ＤＪのＩさんと話をしていると、彼女がこんな話をし始めた。

「響さん、怪談好きでしたよね？　実はこのクラブ、女の幽霊がいるんですよ。ほら、あそこのフロアの隅。そこにずっと立っているんです。でも、きっと悪い幽霊じゃないと思うんですよね。ＤＪが良いプレイをすると、嬉しそうにＤＪブースの傍に寄って来るんです。楽しそうに体を動かして踊っているんですよ。音楽が好きなんでしょうね。でも、ＤＪがいまいちだと、つまらなそうにフロアの隅に立っているんです」

そのクラブに女の幽霊がいるという話は、すでに二人の人から聞いたことがあった。

「見えるの？」

私が尋ねると、彼女は小さく頷いた。

音楽のある場所や、飲食店には、少しくらい幽霊がいた方が良いという話を聞いたことがある。そうした霊は、楽しい場所に集まって来るらしく、お客さんを招いてくれることがあるそうだ。富をもたらすといわれる座敷童子のような存在なのだろうか。

私はどうしても気になったことを彼女に訊いた。

「僕がＤＪしてた時、その女の幽霊はどうしてた？」

Ｉさんは、にこりと微笑んで言った。

「響さんを見ながら、ＤＪブースの傍で楽しそうに踊ってましたよ」

私は、ホッとして胸を撫で下ろした。

幽霊役

「こんなものが本当に怖いのかよ」

暗闇の中で男が嘘う。

「俺もそれは思いますけど、時給を貰えればそれで良いんじゃないですか？」

配置に着いた田村さんはそう言った。

「幽霊のふりをして人を脅かすだけで金が貰えるなんて楽なものだよ」

「いや、でも一日ここで立ちっぱなしは結構辛いですよ」

「そうか？」

「俺、立ち仕事のバイトは初めてだし、遊園地のお化け屋敷で幽霊役をするのも最初は面白そうだと思ったんですけど、意外にルールが多くて面倒ですよね」

田村さんは溜め息を吐きながらそう呟いた。

「ルール？　そんなのあまり気にしなくていいよ」

「え？　ちゃんと説明資料読みました？　お客さんに触れちゃいけないとか、転倒したお客さんのケアとか。結構面倒ですよ」

「俺は気にしたことないけど」
二、三メートル隣に配置されているその男はどうもベテランのお化け役らしい。
田村さんは指導員に言われるままに配置されてここに立っているが、お化け屋敷全体のスタッフの配置は知らされておらず、オープンを前に少し緊張していた。幽霊の類はまったく信じないため暗闇は怖くない。それよりも、脅かされたお客さんが逆上してお化け役の人に殴りかかるという事件があったと聞いたので、そちらの方が心配だった。

「脅かし方のコツみたいなのって、あるんですか？」

田村さんは訊いた。

「……」

男は小さな声で何かを呟いていたが聞き取れない。くすくすと嗤っている。

「笑わないでくださいよ。俺も初めてなんですから」

「いや、だって。こんなものが怖いわけないだろ」

男は吹き出すのを堪えるかのように嗤っている。

「いや、それは俺もわかりますけど、怖い人は怖いんじゃないですか?」

確かに田村さんも幽霊が怖いという人の気持ちはよくわからない。絶対にそんなものいる訳がないと思っている。

「そんなことより、ここで長く仕事してると気が狂う人がいるっていう話らしいよ」

少し低い声で男が言った。

「暗闇が怖い人には辛い仕事ですよね」

そんな奴はこのアルバイトに応募してこないだろうと思いながら田村さんは答えた。

「いや、そういうことじゃないんだよ。この場所、昔何があったか知ってるか?」

「知らないですけど」

「そうか。お前、知らないのか……」

「何があったんですか?」

その時、入り口の方から男女のひそひそと話す声が近付いて来るのが聞こえた。お客さんが来たらしい。いつの間にか開園していたようだ。いよいよお化け役としての初仕事である。田村さんは身構えた。

目の前にある墓石のセットの脇から飛び出して呻き声を出す。お客さんの通路の手前で止まりそれ以上は追いかけない。――それだけの手順だったが、実際にやってみると声の出し方やタイミングによって人の驚き方も違う。意外に難しい。ただ、二回、三回と繰り返し続けていくうちに徐々に楽しくなってきた。声色や動きを少し変えてみると、お客さんのリアクションも変わってくる。人を脅かすというのも、なかなか奥深いものだ。混雑具合は昼過ぎあたりがピークだったが、元々そんなに人が入る遊園地でもない。ただ、田村さんは意外にも夢中になって仕事をしていたようだ。

気が付いたら夕刻になり、閉園時間を告げるアナウンスが聞こえた。

一日中暗闇の中にいたので目は慣れてきていたが、立ちっぱなしだったので腰が痛い。田村さんは腰に手を当てて背中を伸ばすと「意外にお化け役っていうのも難しいものですね」と言った。

「こんなものが本当に怖いのかよ……」

隣の男も片付けをしているようだったが、自嘲的に呟いた。

パチパチと音を立てて屋内の照明が点いた。

明るさに目が眩む。思わず田村さんはぎゅっと目を閉じた。
そして、ゆっくりと目を慣らすように瞼を開く。
ふと、開園前に隣の男と話の途中だったことを思い出した。
「そういえば、この場所に昔何かがあったって、話してましたよね？」
隣を見ると、そこには埃を被った小道具と配線の束が無造作に置かれている。
田村さんの隣には、誰も配置されていなかった。

階段

暗い廊下の先にある階段を降りていた。

両手を少し横に広げ、バランスを取りながら一歩一歩、階段の踏板を降りてゆく。側面の壁に設定された小さな灯りがぼんやりと辺りを照らしているが、階段は狭く、薄暗い。裸足だったため、踏み込んだ足の裏からは、ひやりとした冷たさが伝わってくる。

ぎっ……。ぎっ……。ぎっ……。

板張りの階段は、一歩降りる毎に軋むような音を立てていた。じめじめとした湿度の高い空気が肌に纏わり付くような不快感を覚える。踏板は眼下にずらりと並んでいる。一歩一歩階段を降りるに連れて両側の壁の木目模様が過ぎ去ってゆくが、風景は何も変わらない。階段は闇の地下へと続いていた。

薄暗い木造の階段を、下へ下へと降りてゆく。

ある瞬間――。

踏み下ろした左足の先に、あるべき踏板が無かった。

何もない空間に左足が飲み込まれたような感覚。そこに踏板がある前提で体重を掛けていたため、掛けられた体重はすべて無の空間に放り投げられた。左足が無造作にぐいっと引っ張られたような感触を感じ、体が宙に浮く。心臓から空気がすっと上へ向けて抜け出すような浮遊感。後頭部が背後へと落下してゆく。自然と両手が受け身をとるような体勢へと変化し、体が仰向けに傾いた。

――落ちる！

身の危険を感じ、一気に恐怖心が込み上げたその時。

彼は目が覚めた。

布団の中にいる。

「また、いつもの夢だ」

暗い自分の部屋の中で、彼はぽつりと呟いた。

東京で音楽活動をしている宮田さんという男性から聞いた話である。

彼は高校生の頃にそんな夢を頻繁に見る時期があったと云う。

目覚めた直後、慌てて左足を見るがそれはちゃんとベッドの中に収まっている。

友人にこの話をすると、「落下する夢は不安の現れを示している」という夢診断なるものの話を延々とされたが、宮田さんにはあまりピンとくることが無かった。

ただ、二、三ヶ月程同じ夢が頻繁に続くと、さすがに不安になってくる。自分は精神的にちょっとおかしくなったのだろうか。変な脳内物質が出る病気にでもなったのだろうか。こんな症状は初めてだったので、宮田さんは日に日に鬱々とした気分になっていった。


そんなある日の夜。

深夜に宮田さんはふと目が覚めてしまった。

体全身に強い圧迫感を覚える。とても息苦しい。起きようと上半身に力を入れたが、体はびくともしなかった。いわゆる金縛りの状態である。

「うわっ、何これ……」

宮田さんは生まれて初めて金縛りに遭ったため、動揺してしまった。

とにかく状況を把握したい。そう思った宮田さんは眼球を動かして部屋の中を見渡した。いつも寝ている自分の部屋。電気は消えているが、窓の外から薄いカーテン越しに街灯の光が入っているため、ぼんやりと部屋の中が見える。

特に変わったところはない。

その時、宮田さんは首から上だけが動かせることに気が付いた。毎晩見ている夢がどこかで頭の中に残っていたのだろうか。宮田さんは首を持ち上げて自分の左足を見た。

腰から下の布団がはだけていて、両足が見える。

次の瞬間。

両足の奥に広がる暗闇の中から、何かがにゅっと現れた。

——それは痩せ細った白い片腕だった。

するり——とその腕は、宮田さんの両足の間へと入り込んでくる。

そして、左脚の足首を掴んだ。

「……」

宮田さんは恐ろしくて声も出なかった。

その直後。その腕が左足をぐいっと強い力で引っ張った。

「うわぁあっ！」

宮田さんは堰《せき》を切ったように絶叫した。

がばっと布団を跳ね除けるように起き上がると枕元のライトを点けた。

灯りに照らされた部屋の中には、誰もいなかった。

その日以降、階段から落ちる夢はピタリと見なくなったと云う。


この話を聞かせてもらったのは東京某所に在る小さなクラブである。

その日、知り合った宮田さんという男性と歓談していると、なぜか怪談の話になり、この体験談を聞かせてくれた。自分の部屋で、闇の中から痩せ細った腕が足を引っ張るというのは、考えただけでも恐ろしい。

宮田さんは一通り話し終えると、最後にこう言った。

「響さん。俺、何が一番怖かったか――わかります？」

そしてグラスを傾けてビールを一口飲むと、言葉を続けた。

「その白い腕に引っ張られた時に感じた左足の感触――。それ、毎晩夢の中で階段から足を踏み外した時に感じる感触と、ぴったり同じだったんです」

その痩せ細った白い腕が現れたのは、果たしてその日だけだったのだろうか。

黒のセダン

森田さんという男性が学生の頃に体験した話である。

当時彼は東京郊外に住んでおり、家の近くにあるコンビニで深夜のアルバイトをしていた。そこは山の近くの静かな街道沿いに位置しており、深夜になると来客はほとんどない。

ある日の夜。

深夜二時を回り、店内に客もいなかったので森田さんは駐車場の清掃をしていた。

広い駐車場で黙々と掃除をしていると、突然、黒いセダンが凄いスピードで駐車場に滑り込んできた。バタンと大きな音を立ててドアが開き、黒いスーツを着た男性が車から降りてくる。男性は駆け込むようにコンビニに入って行った。

「トイレか？」

時に気にすることもなく森田さんは掃除をしていたが、ふと店内を見ると、レジの前でその男性ともう一人のアルバイトの店員が何やら揉めている。どうやらその黒服の男性は怒っているようだった。

森田さんが掃除道具をその場に置いて店内に戻ると、怒号が耳に飛び込んできた。

「これじゃねえんだよ。いいからもっと大きな袋のやつを持ってこい！」

その男性は、手に小さな味塩の小瓶を持ちながら凄い剣幕で店員を睨み付けている。

「どうかしましたか？」

森田さんがそう聞くと、男性は「袋入りの塩をあるだけ全部持ってこい」と凄んできた。森田さんが奥の棚から三袋の塩を持ってくると、男性はそれを奪い取るように抱え、レジで会計を済ませて去って行った。

「塩をくれって言うから、小瓶の味塩を渡しただけなんだけど……」

もう一人のアルバイト店員が困惑しながら呟いていた。

すると入り口の自動ドアが開き、先程の黒服が戻ってきた。

「おい！　お前、ちょっと外まで来い！」

森田さんを指差してその男性は言った。

その男性は見るからにその筋の人かと思われたので、正直に言うと森田さんはとても怖かったのだが、従うしかない。もう一人のアルバイト店員に「何かあったら警察を呼べよ」という思いを込めて目配せをしたが、伝わったかどうか……。

森田さんは怯えながら駐車場へ出た。

見ると、黒服のセダンのボンネットが塩だらけになっている。車の上に塩をばら撒いたのだろう。黒服は手に先ほど買った塩を一袋持っている。

「この塩を俺に掛けろ」

「え、この塩を――ですか?」

「ごちゃごちゃ言うな。いいから掛けろ!」

大声で黒服が怒鳴りつけたので、森田さんはびくりとして恐る恐る塩の袋を手に取ると、男性の肩に掛けた。いかにも高級そうなスーツに塩がパラパラと降り掛かる。

「そんなんじゃねえ! 頭から掛けろ。今すぐ!」

「いや、でも……」

「いいから早くやれ!」

黒服が今にも殴りかかりそうな勢いで凄んできたので、森田さんは思い切って黒服の頭から塩をどばっと振り掛けた。

まるでシャワーを浴びるように男性は両手を頭に添え、塩を全身に馴染ませるように頭と肩に積もった塩を払う。黒服のスーツは塩塗れだった。しばらく両手で塩を払った後、男性はじろりと森田さんを見た。

「お前——見えてないよな?」

「はい」

森田さんは即答した。

男性は車に戻るとエンジンを掛け、急発進して去って行った。

去り際のセダンの後部座席に座っていた腐乱死体は、森田さんを見て悲しそうな顔をしていた。

忌影

「響さん！　ちょっとこれどういうこと？　信じられないんだけど……」

携帯電話の向こう側の声は、明らかに狼狽していた。

二〇一三年十月。ある週末の夕刻のことである。

私は当時、音楽の現場で交流のあった女性ＤＪの弘美さんと電話をしていた。

「弘美ちゃん例の場所、行ってきたの？」

「そう。響さんに言われて今その場所に来てるんだけど……」

「え、今そこにいるの？」

「うん」

「写真撮った？」

「うん。言われたとおり写真は撮ったよ。でも全然違うの」

「どういうこと?」

「全然違うのよ……」


弘美さんは当時三十代前半。昼は会社員として仕事をしながら週末の夜はＤＪとして華々しく活躍しており、クラブでは周囲を巻き込んでその場を盛り上げる素敵な女性である。人柄も良く、若いＤＪからも慕われる魅力的な人物だ。

あまり人には言っていないそうだが、彼女は昔から霊感が強く、奇妙な心霊体験を幾度となく経験していたという。それゆえに、怪異体験について人よりは少し慣れているのかも知れないと言っていた。

しかし、それでもやはり信じ難い怪異に直面した時の恐怖心は拭えないのだろう。彼女が電話の向こうで著しく動揺しているのがわかった。

「……何があったの?」

私がそう言うと、弘美さんは言葉に詰まりながらも、自分が見ている不可解な現実を事細かに話してくれた。

「とりあえず今撮ったその写真、メールで送って。見てみるから」

私はそう言うと、一旦電話を切った。

ところが。しばらく待ったがメールは届かない。

三十分ほどして、やっと弘美さんから一通のメールが届いた。

『なぜだかわからないけど写真が送れない。家に帰ってもう一度送ってみます』

結局、その写真が届いたのはその日の深夜だった。

連鎖する怪異の始まりは、その電話から二週間前のある出来事が発端だった。

1

ことの始まりは、二〇一三年九月下旬。

夜二十時頃。

仕事帰りの弘美さんは、最寄の駅から家までの道を自転車で走っていた。

そこは郊外のベッドタウン。当時彼女は実家暮らしをしていたが、実家が引っ越しをしたばかりでまだこの辺りの道には慣れていなかった。

——今日はちょっと違う道で帰ってみようかな。

その日はなぜかそう思ったのだという。

駅の駐輪場に停めてあった自転車に乗り、駅前の商店街を抜ける。居酒屋やカラオケ店が立ち並ぶ繁華街を抜け、幾つかの交差点を過ぎると飲食店やコンビニが並ぶ商店街に出る。その道をしばらく進み、四叉路を右に曲がると低層マンションや古い一軒家が並ぶ通りに入った。この辺りまで来ると道は静かで薄暗い。

弘美さんは黙々と自転車を漕いでいた。

ある十字路を過ぎると、右側に大きな敷地の家が見える。

長い漆喰の塀が十五メートルほど続いていた。塀の高さは二メートル程。内側にはおそらく立派な庭園があるのだろう。綺麗に手入れされた庭木が塀の上からはみ出すように生い茂っている。

「あれ？　なんだろう……」

弘美さんは、その塀の途中に不自然に窪んでいる場所が在ることに気が付いた。

平面図でいうと、塀を外側から内側へ、コの字に折り込んで凹ませたような形状。それはまるで冷蔵庫程の大きさの物が嵌め込められそうな窪みだった。

——何かが挟まっているのかな？

彼女が怪訝に思っている間にも自転車は進み、その窪みまでの距離はみるみる縮まってゆく。そしてその窪みの横を通り過ぎたその時。

彼女は、はっきりと視た。

その窪みの隙間には、

——灰色の顔をした、小さな幼児が両膝を抱えて座っていた。


否、大きさは幼児のように小さいが、年齢は不詳。

顔だけでなく腕や足も、全身が灰色だった。

それは無表情のまま、正面を向いて座っている。

強烈な違和感を帯びた、現実とは隔離された異界。


——！

弘美さんは声にならない悲鳴を上げた。

一瞬にして全身に鳥肌が立ち、身震いするほどの恐怖が背筋を貫いた。

それは、触れてはいけないもの。

見てはいけない異形。

本能的にそれが本当に危険なものだということが直感的にわかった。弘美さんは全速力で自転車を漕ぎ、逃げるようにその場を離れた。ただ、背後からその人影が憑いて来るような気がして心底恐ろしかったと云う。

次の日。

弘美さんは、昨夜自分が視たものがどうしても気になった。

——あれは一体、何だったんだろう。今まで不思議なものを視ることはあったけど、あんな形の者は視たことがない。

弘美さんは、明るい昼間のうちにもう一度その窪みの場所に行ってみようと考えた。

家を出てしばらく歩くと、昼日中の道沿いにその漆喰の塀が見える。そして弘美さんはその前に立つと、驚きのあまり凍りついてしまった。

漆喰の塀には幅一メートル程の窪みがある。奥行きは八十センチ程。

この家の主は、どうしてもその場所だけを敷地の外側に追いやりたかったのだろうか。塀は、敷地の内側に食い込むようにぼこりと窪んだ歪な形になっている。

そこには、——小さな祠が建てられていた。

煤けた朱色の切妻屋根の祠で、かなり古い。

何かを弔っているのか、何かを封じているのか。底知れぬ不気味さと畏怖を感じる。

昨夜、弘美さんがこの場所を見た時は、絶対に祠など無かった。

それどころか、灰色の異形の者が膝を抱えて座っていたのだ。

私が見たのは、この祠の者……。

直感的に「ここに居てはいけない！」と思った。

踵を返すと一目散に家に帰り、それ以上この場所のことを考えるのを止めた。

以上が、弘美さんが最初にその場所で体験した怪異である。


その次の週末。

私は弘美さんと都内のクラブで会う機会があった。確か私がＤＪをしていた現場だったと記憶している。

「響さん、ちょっと聞いてよ。先週めちゃくちゃ怖いことあったんだけど」

「何、どうしたの？」

「先週仕事終わって駅から自転車で帰っている時にね――」

弘美さんは先に述べた一連の体験談を私に話してくれた。

窪んだ塀の傍を通り掛かった時、灰色の人影を見たこと。それは触れてはいけない異形の者だと確信したこと。次の日に確認しに行くと、それは祠だったこと――。

私はその異様な体験談に大変興味を惹かれてしまい、クラブという場所を忘れて夢中になって話を聞いた。そして、好奇心を抑え切れず「その場所、どこにあるの？」と、訊いた。

「その場所？　私の実家の最寄りだからW駅の南口出てしばらく行った所に在るよ」

「やっぱりその祠に何か原因があるのかな？」

「そう、私もそんな気がする……」

「その窪みの場所って家の近くでしょ？　ちょっと写真撮ってきてくれないかなぁ」

「え？　響さん本気で言ってる？　そんなの怖過ぎて無理に決まってるでしょ」

弘美さんは当然のごとく躊躇していたが、私はどうしてもその祠が見てみたくなり、なんとか彼女に頼み込んで写真を撮ってきてもらうようお願いをした。

弘美さんが恐怖に声を震わせながら電話をしてきたのは、その一週間後――。

週末の夕刻だった。

その日、彼女は久しぶりにＤＪの予定も無く、のんびりと休日を過ごしていたそうだが、律儀にも（有り難いことに）私に言われた通り、その場所に行ってくれた。

写真だけ撮ってすぐに帰ろう。

弘美さんはそう思いながら手元に携帯のカメラを構え、現場に近付いた。

そして、その塀の窪みを覗き込む。

「……」

彼女は束の間、自分は間違えて別の場所に来たのではないかと思ったという。

しかし、そんなはずはない。

そして彼女は絶句した。

――そこにあったのは、祠ではなかったのだ。

「響さん！　ちょっとこれどういうこと？　信じられないんだけど……」

「弘美ちゃん例の場所、行ってきたの？」

「そう。響さんに言われて今その場所に来てるんだけど……」

彼女は怯えながら『それ』を写真に撮影し、すぐに私に電話をくれたのだった。

一週間前に視た切妻屋根の小さな祠は、はっきりと彼女の記憶に焼き付いている。

「でも全然違うの……」と、彼女は困惑しながら私に震える声で訴えた。

とりあえず今撮ったその写真をメールで送って欲しいと私が言うと、彼女は「わかった」と言って電話を切った。

自分の記憶がおかしいのか、何かが狂ってしまったのか――。

自分が自分でなくなってしまったのかと思うと、恐怖に耐えられなくなったと云う。

――とにかく写真は響さんに送ってすぐに消そう。

弘美さんは電話を切った後、速やかに写真をメールに添付し送信ボタンを押した。

しかし、何度送信ボタンを押しても「送信失敗」の文字が表示される。電波状況が悪い訳でもない。その後、弘美さんは帰宅した後もメール送信を試み、深夜になってやっと送信することができた。

——そこには、窪んだ隙間に納められた、三つの墓石が写されていた。

三十センチ程の土台の上に、色も大きさも微妙に異なる三つの墓石が鎮座している。左の二つは、煤けた灰色と黒御影石の墓石で、雨風に浸食された跡が滲んでいる。右側の墓石はやや大きく最も古い。石の角がボロボロに崩れて丸みを帯びている。

——これは一体、誰の墓石で、なぜここに存在しているのだろうか。

彫り込まれた文字は崩れていて人名が彫られているのかも定かではない。否、もしかすると何かを祀るためのもので、墓石ではないのかも知れない。


結局、弘美さんはこの場所で三回、全く別のものを視たことになる。

最初は灰色の人影。

二度目は祠。

そして最後は三つの墓石。

それ以来、彼女はもう二度とその場所に近付くのを止めたと云う。

2

二年後——。

二〇一五年九月。東京渋谷のクラブに弘美さんはいた。

その日は、私が主宰している「アンダーグラウンド怪談レジスタンス」というクラブ怪談イベントの当日。このイベントでは観客の中から怪談を募り、その人に語ってもらう参加型のコーナーを設けている。私は是非、弘美さん本人から例の怪異体験を語って欲しいと思い、彼女に登壇を依頼していたのだった。

「弘美さんは私の音楽友達でＤＪをやっている方なんですけどね。実は以前、不思議な体験をされたそうなんですよ。ぜひそれを語ってもらえますか？」

舞台上の私は、彼女に話を振った。暗いフロアの中。舞台に上がり、多くの聴衆を前にスポットライトを浴びた弘美さんは、その怪異体験を静かに語り始めた。

「これは私が実際に経験した話なんですけど——ちょうど二年間ですね。夜、仕事帰りに最寄り駅から家まで自転車を漕いでたんです」

弘美さんの語り口はとても恐ろしく臨場感があった。

「最初に私が塀の窪みで見たのは、膝を抱えて座っている灰色の人だったんです。私、怖過ぎて後日この話を響さんにしたんですよね。そしたらこの人、私に写真を撮ってこいって言うんですよ。酷くないですか?」

会場から笑いが起こる。私が変態的に怪談が好きだというのは、有り難いことにキャラクターとして受け入れてもらっているようだ(多分)。

ディテールが少し違う気もしたが、おそらくそれは彼女の記憶違いだろう。話の本筋からすると些細なことなので気にはならなかった。

「それで私、響さんに言われて写真撮りに行ったんですよね――その場所に。そしたらその場所にあったのは、見たことない祠だったんです。こう、三角の屋根のある小さな社みたいな祠。私、本当にめちゃくちゃ怖くて……」

会場から小さな悲鳴が上がった。弘美さんはDJという技能を活かしているのか、フロアの空気を掴み、絶妙なタイミングで恐怖の山場を語る。

「それ以来、私はもうその場所に近付かないようにしてます。そんな経験をしました。以上です」

会場から拍手が起こった。

——いや、話はまだ終わっていない。

すかさず私はマイクを持って言葉を挟んだ。

「で、弘美さんはその後もう一度、その場所に行ったんですよね」

三回目に見た時は墓石だったという最後の怪異がまだ語られていない。

途中で話が切れてしまったようだ。

「え、なんですか？」

「いや、だから弘美ちゃん。その後、三回目に……」

「三回目？」

「そう。次に見に行った時は——墓石だったんだよね？」

「え、そうでしたっけ？　私、そんな話しました？」

大勢の人前だったため緊張して話を飛ばしたのかと、最初は思った。

私は自分のスマートフォンを取り出し、そこに保存してあった現場写真を彼女に見せた。それは彼女本人が撮影し、私にくれたものだ。

「ほら、この写真」

——そこには、間違いなく塀の窪みに納められた三つの墓石が写っている。

その直後、彼女の形相が突如として豹変した。

「ええっ！　ちょっと――何よこれ！」

絶叫に近い悲鳴を上げ、彼女の表情は見る見るうちに恐怖に歪み、引き攣ってゆく。

私はその画像が撮影された経緯を彼女に説明した。

彼女は私のスマートフォンを両手で掴み取ると、目を見開いてそれを見た。

「信じられないんだけど……」

――弘美さんの記憶からは、なぜか墓石を見たという記憶が消えていた。


壇上で繰り広げられるその異例の事態を前に、会場がどよめき始めたその時。

ピピピピ！　ピピピピ！　ピピピピ！

突然、観客席から携帯電話の着信音が鳴り響いた。

皆が一斉にその方向に顔を向ける。

一人の男性が慌てて立ち上がった。男性は「すいません」と言いながらズボンのポケットから携帯電話を取り出し、音を止めようと必死に操作し始めた。しかし、音は鳴り止まない。

「ごめんなさい……」男性は呟きながら携帯電話と格闘していたが、しばらくすると自然に音が止まった。携帯の音量を切り忘れていたのだろう。男性は申し訳なさそうにその場に座った。絶妙なタイミングで音が鳴ったので、会場は騒然としていた。

「もしかして、これも怪奇現象でしょうか？」

私は会場を和ませようと、戯けたようにそう言った。

しかし、それはあながち間違いではなかったのかも知れない。

イベント終了後、その男性は私のところに来ると携帯電話を見せながらこう言った。

「響さん、俺あんな着信音聞いたことないんです。設定の仕方もわからないし……。なぜ突然鳴り出したかもわからないんですよね」

携帯電話の画面左上には「圏外」の文字が表示されていた。

そのクラブは地下に在り、電波が入る場所では無い。

後日、弘美さんから連絡があった。

「響さん、私なんとなくわかるんだけど。絶対この話しちゃいけないと思う」

真面目な声で、彼女はそう語ってくれた。

3

その三年後――。

二〇一八年八月。

私の手元にあるスマートフォンには、例の写真が表示されている。

それを取り囲む好奇な目をした十数人の観客が、驚嘆の歓声を上げていた。

「これがその墓石ですか？」

「本当だ。――凄く気味悪い」

「この塀の造り、絶対に変ですよね」

人々は興奮を抑え切れない様子で、口々に感想を語り合っている。


そこは、東京青山に在る地下のクラブ。私が主宰する怪談イベント「アンダーグラウンド怪談レジスタンス」のアフターパーティでの出来事だった。

クラブで怪談イベントを開催する醍醐味の一つは、音と人と情報が寄り合うクラブ空間で、演者である私や観客同士が交流を楽しめるという点にある。

その日も怪談イベント終了後はそのままクラブイベントへと移行する流れになっており、私も観客の方々と歓談を楽しんでいた。皆それぞれにイベントの感想を語り合い、怪談話に花を咲かせている。何がきっかけだったのかは覚えていないが、私はふと弘美さんの怪異体験を思い出した。

「この話は、友達の弘美さんというＤＪから聞いた話なんですけどね――」

五年前に聞いた話を回想しながら、私は彼女の怪異体験を語り始めた。

「そしてこれが、その時彼女が撮影した写真なんです」

話し終えた後、私はスマートフォンを取り出し、そこに保存してある例の写真を開いて皆に披露した。

それが三度目の怪異の始まりだった。

周囲の人々が一斉に顔を近づける。この写真はいわゆる心霊写真ではないが、怪異の現場を体験者本人が撮影した貴重な物証であり、それゆえに異様な臨場感とリアリティを帯びている。

「弘美さんがこの場所で灰色の人を見た後、次に此処を確認しに行った時には間違いなく祠だったそうなんです。それが、三度目に見に行った時には……」

朽ち果てた三つの墓石が写された画像を手に、私は改めて解説を加えた。

周囲の人たちはその写真を観ると、恐怖を堪能するかのように歓声を上げている。手を口元に当てて驚く人。首を突き出して刮目する人。遠くから覗き込む人。

その時。

ある男性が口を開いた。

「響さん。俺、数年前にどこかの怪談イベントで響さんからその写真を見せてもらったことがあるんですけど……」


——その時は、祠が写ってましたよ。


男性は真顔で言う。最初は何を言われているのか意味がわからなかった。

仕舞いかけたスマートフォンを手に持ち直すと、私は「どういうことですか?」と、その男性に訊いた。

「いや、だから俺が昔その写真を見た時は、祠が写ってたんです」

「……本当ですか?」

「間違いないです。俺、その写真凄く怖かったから覚えてますよ」

――塀の隙間に、気持ち悪い「祠」が写ってましたから。


怪異を求める探究心というものは、私の中に確固たる信念を持って存在する。

しかし、恐怖という感情が同時に共存していることに変わりはない。

私は久し振りに、妙な高揚感と実体を伴った畏怖が心臓から湧き上がってくるような感覚を味わった。

弘美さんが視た祠は、現実には存在していない。

彼女が三度目に見た時、それは墓石だった。

しかし、その現場写真を見た第三者の中には、「祠が写っていた」と記憶している人がいる。

こんなことが起こり得るだろうか。

私はもう一度写真を確認しようと思い、スマートフォンの画面を開いた。

そして『それ』を視た時、私は文字通り凍り付くことになる。

——さっき見た写真と違う。


その朽ちた墓石の写真には、上部と右側を侵食するように黒い影が覆っていた。

よく見るとその影は黒というよりも、やや赤黒い部分が斑に混濁している。

写真の上部三分の一と、右側の幅一センチ程の部分を、バッサリと鋭利な刃物で切り取るかのように見たこともない影が覆い尽くしていた。

ほんの数分前までは、写真にそんな影は無かったはずだ。

私自身が誰よりもそれを理解している。

数年前に視たその写真には祠が写っていた——という証言が発せられた直後、それは変貌したかに思われた。

現実が歪み始めている。

本当にそんなことがあり得るのか。

だとしたらこれは……。

「これは——怖い」

私は呟いた。

もしかしたらスマートフォンの誤操作で、偶然にも写真が縮小された瞬間にスクリーンショットが起動されてそのような形になったのかも知れない。

最初、私はそう考えた。しかし、その黒い影は歪に傾いている。機械的な誤操作でこのような形に写真が再保存されたとは考え難い。

実は元からこの写真には黒い影が写っていて、五年間私はそれを見過ごしており、今この瞬間に気付いたということなのだろうか。考え難い仮説であるが、もし仮にそうだとしても私の記憶が歪められていたことになる。それはそれで非常に恐ろしい。

「さっきまでそんな影、無かったのに！」

その時、周囲で誰かがそう言ったのを覚えている。そう、私だけではない。数分前まででこの影は存在しなかったという証人は周りに多数いる。

この写真なのか。

この場所なのか。

この怪談そのものなのか。

そこには、何かの不可解な力というものが本当に存在するのかも知れない。

4

二〇一九年十月二十一日。東京新宿。

私は久し振りに弘美さんに会い、この一連の怪異を改めて取材させてもらった。

話を終えた後、彼女はポツリと呟いた。

「もう五年以上前の話だけど（最初に灰色の人影を見た日）私はなぜ、その日に限っていつもと違う道を通って帰宅しようと思ったのか、まったく覚えてないんだよね——」

その写真は、今も私のスマートフォンに保存してある。

次にこれが変化するのは、いつなのだろうか。

あとがき

　ここに集められた二十二の怪談は、夜の世界の地下に眠る不可思議で奇妙な体験談を綴った異界録である。

　ほとんどの体験者の方は、普段怪談やオカルトめいた話とは無縁の人たちばかりだ。無論、常日頃から怪異怪談に興味を持ち、アンテナを磨いている人たちの怪異譚というのも大変興味深く、私も好んで聞くことは多い。ただ、私はそうしたオカルト的な要素とは無縁の人たちが、ふとした日常に忍び込んだ怪異に遭遇してしまったという話が大好物である。

　そこには「これって怪談っぽい」というバイアスやフィルターのようなものが何もない。シンプルに体験した出来事や親しい人の体験を、ふと思い出して語っていただいた話ばかりである。しかしそれゆえに、奇妙であり、不可思議であり、とても怖い。

それはいわば、原石のような尊さを持つ「怪談の原風景」といえるだろう。

不思議なもので、夜な夜なクラブでＤＪをして音楽を楽しみながら、多種多様な人たちと話をしていると、そうした世に出てこない原石のような怪異譚がぽつぽつと集まってくる。

もしかするとそれは、人や文化がパーティとして集積するアンダーグラウンドなクラブ空間という特異な場所だからこそ起こりやすいことなのかも知れない。

そもそも日常を逸脱した出来事を怪異と呼ぶなら、日常空間においてそれらが語られる機会は少ないだろう。非日常の片鱗を含む洗練された開放的な場であるほど、それらは緩やかに語られることを待っているのだと思う。

クラブに限った話ではないが、そうした世に出ることのない地下怪談を蒐集した時の興奮は、私にとって新しいレコードを掘り当てた時の感動と同じ喜びがある。

怪異そのものの特異性にフォーカスした作品。

体験者の心理に着目した作品。

怪異の背景や周辺環境を踏まえた作品。

怪異の解釈や考察に触れながら綴った作品。

さらには、怪異の考察自体がさらなる怪異をもたらしてしまった体験談など――。初の単著となる本作品群は、様々なアプローチを試みた私のアルバムと言ってもよい。手に取ってくださった皆様に、心より感謝申し上げます。

令和二年一月　　　響　洋平

地下怪談　忌影

2020年2月5日　初版第1刷発行

著者　響洋平
企画・編集　中西如（Studio DARA）
発行人　後藤明信
発行所　株式会社 竹書房
〒102-0072 東京都千代田区飯田橋2-7-3
電話03（3264）1576（代表）
電話03（3234）6208（編集）
http://www.takeshobo.co.jp
印刷所　中央精版印刷株式会社

定価はカバーに表示しています。
落丁・乱丁本の場合は竹書房までお問い合わせください。

ISBN978-4-8019-2150-4 C0193